RÉFLEXIONS

SUR L'ÉTUDE DES LANGUES ASIATIQUES.

RÉFLEXIONS

SUR L'ÉTUDE DES LANGUES ASIATIQUES

ADRESSÉES

A

SIR JAMES MACKINTOSH,

SUIVIES D'UNE LETTRE

A

M. HORACE HAYMAN WILSON,

ANCIEN SECRÉTAIRE DE LA SOCIÉTÉ ASIATIQUE A CALCUTTA, ÉLU
PROFESSEUR A OXFORD.

PAR

A. W. DE SCHLEGEL,

PROFESSEUR A L'UNIVERSITÉ ROYALE DE BONN, CHEVALIER DE L'ORDRE DE
L'AIGLE ROUGE, COMMANDEUR DE L'ORDRE DES GUELPHES, CHEVALIER DES
ORDRES DE ST. WLADIMIR, DE WASA ET DE LA LÉGION D'HONNEUR; MEMBRE
DE L'ACADÉMIE ROYALE DES SCIENCES A BERLIN; MEMBRE CORRESPONDANT
ET HONORAIRE DE L'ACADÉMIE IMPÉRIALE A ST. PETERSBOURG, DE L'ACA-
DÉMIE ROYALE A MUNICH, DE LA SOCIÉTÉ ROYALE A GOETTINGUE; DES
SOCIÉTÉS ASIATIQUES DE CALCUTTA, DE PARIS ET DE LONDRES; DE LA SO-
CIÉTÉ LITTÉRAIRE DE BOMBAY; DE LA SOCIÉTÉ ROYALE DE LITTÉRATURE A
LONDRES; ET DE L'ACADÉMIE ROYALE DES BEAUX-ARTS A BERLIN.

A BONN,

CHEZ ED. WEBER, LIBRAIRE,

A PARIS,

CHEZ N. MAZE, LIBRAIRE

RUE DE SEINE ST. GERMAIN, N°. 31.

1832.

De l'imprimerie de Charles Georgi a Bonn,

PRÉFACE.

Il y a déjà plus d'un an que l'essai que je présente aujourd'hui au public, était achevé : des causes accidentelles en ont retardé l'impression. L'automne dernier je l'envoyai de Paris à cet illustre savant à qui je l'avais adressé: il le lut, l'approuva et me témoigna le désir de le voir imprimé à Londres. Au commencement de Février j'eus le bonheur de revoir Sir James Mackintosh et de jouir pour la dernière fois du charme de son entretien. Je quittai Londres, inquiet de sa santé chancelante, et faisant des voeux pour son rétablissement. Peu de temps après, de retour chez moi, je fus frappé douloureusement par la nouvelle de sa mort. L'Angleterre a perdu un vertueux citoyen; la littérature un historien profond et philosophique; la jurisprudence un réformateur éclairé; le parlement, un orateur dont l'éloquence empruntait toute sa force à la raison et à la justice; l'humanité enfin, un défenseur zélé de ses droits et de ses intérêts. Il était éminemment Anglais par son patriotisme, et cosmopolite par l'absence des préjugés nationaux. Je l'avais admiré avant de le connaître personnellement, j'étais fier de son amitié, et je ne cesserai jamais de le regretter. Dans toutes nos entrevues, en Angleterre, en France, en Suisse, et lorsqu'il vint passer quelques jours chez moi sur les bords du Rhin, il me témoigna toujours la même bienveillance. Il animait mes études, par la vivacité de l'intérêt avec lequel il accueillait mes communications, et par les vues neuves et ingénieuses qu'il y apportait. J'ai été ambitieux d'associer mon nom au sien. Son approbation semblait garantir le succès de mon écrit; elle m'autorise à le consacrer, comme un hommage bien sincère, à sa mémoire chérie.

J'ai rédigé ces Réflexions en français, parce qu'elles sont destinées particulièrement au public anglais, parmi lequel la connaissance de la langue française est bien plus répandue que celle de la langue allemande. La négociation entamée par Sir James Mackintosh avec un des principaux libraires de Londres pour l'engager à se charger de la publication, ne conduisit à aucun résultat. Le libraire pensa qu'un écrit en langue étrangère, sur un sujet fort éloigné des lieux communs de la littérature du jour, ne trouverait pas un nombre suffisant de lecteurs en Angleterre. Ne jugeant pas à propos de m'exposer à d'autres refus semblables, je repris mon manuscrit, je résolus d'en garder la propriété, et de le faire imprimer sur le continent. Le libraire avait probablement raison en supposant que mon nom et ma manière de traiter le sujet, ne suffiraient pas pour commander l'attention du public anglais; mais j'ose dire, qu'il se trompait en affirmant que ce public ne s'intéresse que médiocrement aux questions indiennes. Cela décélerait un manque de lumières, impossible à supposer chez une grande nation, où toutes les affaires de la communauté sont discutées publiquement. Mais s'il y avait en Angleterre des hommes assez attachés à la glèbe de l'industrie pour ne voir dans la possession de l'empire de l'Inde qu'un intérêt purement mercantile; pour considérer une nation de plus de cent millions d'ames, sujette au sceptre britannique, comme *la vache d'abondance* qu'on n'a qu'à traire, sans se soucier autrement de son bien-être; on pourrait leur appliquer avec raison ces vers d'Horace:

Impiger extremos curris mercator ad Indos,
Per mare pauperiem fugiens, per saxa, per ignes:
Discere, et audire, et meliori credere non vis?

Les enquêtes ordonnées par le Parlement prouvent déjà, la discussion parlementaire sur le renouvellement du privilége de la Compagnie des Indes prouvera encore davantage, que les hommes d'état en Angleterre ont des vues plus larges et plus élevées. Ils savent qu'une bonne administration est le seul moyen de consolider un empire lointain et d'une étendue vraiment effrayante; que l'on ne saurait bien administrer sans connaître non seulement l'état matériel de la population, mais la partie morale et intellectuelle de sa civilisation, sa religion, ses lois, ses usages; et qu'enfin la langue sanscrite et l'ancienne littérature indienne est la clé de tout cela; qu'elle est en même temps la source de la plupart des langues modernes, dont la connaissance est si nécessaire aux administrateurs. A peine arrivé à Londres, j'obtins la preuve la plus flatteuse que l'importance d'un genre d'étude qui prépare, même indirectement, de pareils résultats, est apprécié avec une parfaite justesse au sommet de l'ordre social.

Mes remarques sur le plan du Comité des traductions ont été ébauchées immédiatement après la publication du Prospectus. Ce ne fut que plus tard que j'eus connaissance du jugement que M. *Silvestre de Sacy* en avait porté dans le Journal des Savans (Juin 1830, p. 370). Je vis avec satisfaction, que l'opinion de ce grand orientaliste était d'accord avec la mienne et qu'il avait signalé les mêmes inconvéniens. Dans l'exécution, le plan du Comité s'est modifié jusqu'à un certain point. Un livre traduit de l'arménien a été imprimé; la traduction d'un livre japonais est annoncée. Ces deux langues étaient omises dans le Prospectus. Des versions latines seront admises, à ce que je viens d'apprendre. Quelques-uns des savans auxquels le Comité s'est adressé, se sont chargés spontanément des soins de la critique philologique qu'on ne leur avait point demandés. Sous ce rapport la traduction des voyages d'Ibn Batuta par M. *Lee*, et celle de l'Algèbre de Mohammed Ben Musa par M. *Rosen* se distinguent avantageusement. Néanmoins, dans le catalogue des livres déjà imprimés, sous presse, ou dont la publication se prépare, je vois des articles à l'égard desquels mes objections subsistent dans toute leur force. A quoi bon, traduire des morceaux du Mahâ-Bhârata d'après la traduction persanne? Quelle authenticité peut avoir une traduction du Shah Nameh, faite d'après l'édition de Calcutta ou d'après un seul manuscrit quelconque? Si le Comité fait un choix judicieux des livres à traduire; s'il prend pour règle générale de ne jamais publier une traduction d'un ouvrage encore inédit, sans la faire accompagner du texte original, soigneusement corrigé moyennant la collation des manuscrits; s'il ne confie ce travail qu'à de véritables philologues: c'est à ces conditions seulement que son activité pourra devenir utile.

Dans la réclamation en faveur des Indianistes du Continent, provoquée par M. Wilson, j'espère m'être renfermé dans les bornes d'une défense légitime, et je me flatte de trouver des arbitres équitables à Oxford même, je dirais presque, surtout à Oxford.

BONN, *au mois de Juillet* 1832.

RÉFLEXIONS

SUR L'ÉTUDE DES LANGUES ASIATIQUES

ADRESSÉES

À

SIR JAMES MACKINTOSH.

Permettez-moi, mon illustre ami, de vous communiquer quelques réflexions sur l'état actuel de l'étude des langues et des littératures asiatiques, et sur les moyens de faire avancer cette étude, si intéressante, si indispensable pour compléter l'histoire de l'esprit humain, et spécialement pour votre pays, si importante par son utilité pratique.

Je ne connais personne en Angleterre, à l'examen de qui je soumettrais plus volontiers mes pensées qu'au vôtre. Nos entretiens m'ont souvent fourni l'occasion d'admirer votre vaste savoir, l'universalité de votre esprit, et ce coup d'œil philosophique que vous apportez aux divers sujets de vos méditations.

Quoique des fonctions plus importantes, pendant votre séjour dans l'Inde, ne vous ayent pas laissé le loisir de vous occuper des langues du pays, vous avez toujours témoigné un vif intérêt pour les recherches concernant l'histoire, les antiquités, les religions et les littératures de l'Asie. Vous avez fondé la société littéraire de Bombay, si avantageusement connue en Europe par un nombre de dissertations fort estimables; vous avez enfin pris une part active à l'établissement de la Société asiatique de Londres.

Cette société m'a fait l'honneur de me nommer l'un de ses membres étrangers. J'ignore quels droits la société confère à ses associés, puisque les statuts ne s'énoncent pas là-dessus. Je sais seulement que dans vos assemblées générales le président, le directeur et les membres du conseil ont seuls la parole; les autres souscripteurs ne votent que silencieusement par boules blanches et noires. Je suis loin de contester la sagesse de cette loi lacédémonienne sur la taciturnité obligée du peuple dans une république. Aussi n'est-ce pas en ma qualité de membre étranger que je vais manifester mon opinion; mais comme simple lecteur, comme une fraction infiniment petite du public; enfin comme amateur de cette branche d'érudition dont la société s'occupe. J'examinerai des pièces publiées par la voie de l'impression, sur lesquelles chaque lecteur peut dire son avis, au risque de se tromper, de trahir son ignorance, et d'être réfuté et réduit à l'absurde, s'il y a lieu.

Votre nation aime la franchise dans les discussions, et l'on traite chez vous en pleine liberté des questions qui touchent de très-près aux intérêts de la vie. Ici il ne s'agit que d'un genre d'études peu populaire, et cultivé par un petit nombre de savans. S'il m'arrivait donc de dire des choses qui pourraient blesser l'amour-propre de quelques personnes très-respectables; de les dire, parce que je les crois vraies; je suis sûr que vous me le pardonneriez, aussi bien que le public, en présence duquel je prends la liberté de m'entretenir avec vous. Ainsi je ne m'effraye pas de la hardiesse de mes opinions, et j'entre en matière sans autre préliminaire.

Il s'est formé en 1828 dans le sein de la Société Asiatique de Londres une association particulière qui se nomme le Comité des traductions orientales. Par des souscriptions annuelles on a formé un fonds, dont la destination est de payer non seulement les frais d'impression des traductions que le Comité aurait approuvées, mais de récompenser les auteurs d'une manière honorable.

Rien de plus utile au premier aspect. Les traductions sont un moyen de mettre les productions littéraires et scientifiques de l'Asie à la portée d'une foule de lecteurs éclairés quoiqu'ils ne soyent pas savans; elles peuvent être lues par des personnes qui n'ont ni le loisir, ni la volonté, ni peut-être le talent d'apprendre des langues d'un accès difficile. Ces traductions serviront donc à répandre les lumières, à rectifier les idées, souvent si erronées, qu'on se forme en Europe, du caractère et du degré de civilisation des nations asiatiques. Comme la possession d'un vaste empire dans l'Inde entraîne un système très-compliqué de relations extérieures, les hommes d'état en Angleterre doivent avoir une connaissance parfaite de l'état moral et intellectuel des peuples déjà soumis au sceptre britannique et confiés à leur administration, afin de ne pas prendre de fausses mesures avec la volonté la plus sincère de faire le bien. Ils doivent aussi connaître la force et l'organisation intérieure des états indépendans, voisins ou autrement mis en contact avec les intérêts de l'Angleterre. Ainsi donc les connaissances communiquées par des traductions pourront avoir une influence majeure même sur les décisions les plus importantes de la politique, et par là sur la gloire et la prospérité de l'empire britannique.

Malgré tout cela, je soutiens que les encouragemens offerts exclusivement aux traductions, bien loin de faire avancer l'étude méthodique et vraiment scientifique des langues orientales, tendent à y nuire, et doivent exercer une influence d'autant plus pernicieuse que les projets du Comité se réalisent dans une plus grande étendue, Or si cette étude fondamentale est négligée, je dis plus, si la philologie asiatique n'est pas perfectionnée à un point infiniment supérieur à ce qui a été fait jusqu'ici, il est impossible d'obtenir de bonnes traductions.

Un grand nombre d'Anglais, résidant dans l'Asie, y trouvent l'occasion d'acquérir une connaissance usuelle, suffisante pour leurs affaires et leurs rapports avec les naturels du pays, mais nullement savante, d'une ou de plusieurs langues orientales. En Angleterre on ne manquera donc pas d'hommes qui, n'étant pas des savans de profession, et ne se

doutant pas des exigences de la critique philologique, entreprendront des traductions, pour se
faire une réputation facile d'auteur, sans posséder
les connaissances, le talent et surtout la scrupuleuse exactitude, nécessaires pour approcher dans
ce genre de la perfection autant qu'il est possible.
Le Comité, de son côté, manquera de temps et de
patience, pour examiner en détail le mérite des
manuscrits offerts; pour ne pas rester inactif, il
employera ses fonds disponibles à leur impression;
et l'Angleterre sera inondée d'une foule de traductions plus ou moins imparfaites, lesquelles à
leur tour formeront une barrière contre ceux qui
voudraient pénétrer jusqu'aux originaux.

Je me plais à reconnaître le zèle bienveillant
des fondateurs de cette institution, et la libéralité des souscripteurs, parmi lesquels on remarque
avec plaisir plusieurs des noms les plus illustres de
votre pays. Mais le *Prospectus**) porte des traces
évidentes de la précipitation avec laquelle il a
été rédigé. En entreprenant d'établir une grande
manufacture de traductions, on n'a pensé d'abord
qu'à la matière première, et à la main d'œuvre,
et l'on a perdu de vue la partie intellectuelle.

La difficulté et le mérite des traductions varient à l'infini, selon le génie des langues, la distance des siècles et des nationalités, et la nature
des ouvrages même. Il est des livres, dont un
interprète ordinaire, un traducteur juré, tel que

---

*) Voyez l'APPENDICE sous la lettre A.

ceux qu'on employe dans les cours de justice et les bureaux de la diplomatie, serait capable de rédiger une traduction tolérablement exacte. Mais dès qu'il s'agit de rendre la substance et d'exprimer en même temps les formes d'une composition inspirée par le génie poétique, oratoire ou philosophique; de produire sur l'esprit, le cœur et l'imagination des impressions semblables à celles qu'éprouve un lecteur de l'original, familiarisé avec la langue: dès lors, dis-je, le traducteur doit sentir une inspiration analogue, il lui faut du génie, au moins imitatif, et l'opération mécanique de substituer des mots à d'autres mots, d'après les indications d'un dictionnaire, ne lui sert de rien.

En lisant avec attention le Prospectus, je me trouve d'abord arrêté par un doute. Les langues dans lesquelles doivent être écrits les livres, dont on demande des traductions, y sont énumérées, et je me réserve quelques remarques sur cette énumération. Mais il n'est dit nulle part en quelle langue ces livres doivent être traduits. Cependant le mot de traduction, pris isolément et sans aucune épithète qui le détermine plus spécialement, ne signifie pas le transport d'un texte quelconque dans la langue anglaise. Les savans étrangers demanderont donc naturellement, si le Comité se propose de ne point admettre au concours des traductions faites dans quelque autre langue européenne, par exemple en latin ou en français? Je présume que l'allemand est exclu de prime abord. J'ose affirmer en effet que l'allemand possède de grands avantages pour y faire des traductions bien caractérisées et ressemblantes d'originaux composés dans plusieurs langues orientales, parce que c'est une langue infiniment riche et flexible, et qu'elle jouit de la liberté précieuse de pouvoir former de nouveaux mots au moyen de la composition. L'allemand a aussi son rayon où il est répandu hors du pays natal. Toutefois je trouve que le Comité serait en son plein droit en récusant des traductions allemandes, puisqu'il y a très - peu de personnes en Angleterre qui lisent avec facilité cette langue. Eu général, quoique nous soyons une nation nombreuse et passablement savante, nous sommes toujours ignorés dans l'occident et le midi de l'Europe, et nous avons de quoi nous en consoler.

Mais il en est tout autrement de la langue française, justement admirée pour sa haute perfection sociale. La prose y est cultivée avec un soin extrême: elle se recommande par la clarté, la concision et l'élégance. D'ailleurs, cette langue est fort répandue chez ceux qui ont reçu une éducation distinguée, et l'on peut dire que lorsqu'un ouvrage asiatique a été bien traduit en français, il est par là même communiqué à l'Europe entière.

L'aptitude des deux langues, anglaise et française, me semble être à peu près égale. L'une et l'autre est encombrée d'un train de mots auxiliaires de toute espèce, l'une et l'autre possède peu de mots composés, et sera, par conséquent, souvent réduite à la paraphrase; l'une et l'autre, comme toutes les langues analytiques, est restreinte dans l'arrangement des mots, à l'ordre logique; la faculté des inversions, si significatives et si pleines de charme dans le style des auteurs classiques, soit en vers, soit en prose, y est extrêmement limitée. La conjugaison française est plus riche, plus sonore et mieux caractérisée que ces pauvres restes de la conjugaison saxonne que l'anglais a sauvés du naufrage. L'une et l'autre langue manque de déclinaisons; dans l'anglais en outre la distinction des genres s'est effacée: circonstance fâcheuse qui décolore sensiblement la diction poétique.

Le latin, depuis trois siècles, est en possession d'être la langue universelle de communication entre les savans de l'Europe. D'ailleurs c'est une langue compacte et synthétique, c'est-à-dire qu'au moyen des inflexions elle exprime en un seul mot des notions accessoires et des relations variables, combinées avec l'idée principale; c'est là un avantage immense. D'autre part elle n'abonde pas en termes composés: ce manque a souvent gêné les savans modernes qui se sont attachés à rendre en latin les poètes grecs, si riches en épithètes pittoresques. Le latin, par sa structure, ne se refusait pas absolument à ces combinaisons neuves et hardies; mais l'esprit des Romains n'y était guère porté, parce qu'ils accordaient peu à l'empire de l'imagination. Ils craignaient de s'écarter trop de l'usage reçu, non seulement dans leurs discours publics, mais même dans la poésie; et les auteurs du siècle d'Auguste, qui ont fixé le style, rejetèrent la plupart des mots composés, employés par leurs prédécesseurs. Nous les retrouvons dans Lucrèce, et dans les fragmens d'Ennius, de Pacuvius et autres anciens poètes. Dans la préface de mon édition de la Bhagavad - Gîtâ j'ai pesé les avantages et les inconvéniens du latin; je crois pouvoir en recommander décidément l'emploi pour le sanscrit. Dans la traduction de la Bhagavad - Gîtâ que j'ai publiée il y a huit ans, et dans celle du Râmâyana qui va paraître, je me suis efforcé de conserver le caractère et les couleurs de l'original, sans trop pêcher contre la pureté classique. Il appartient au connaisseurs des deux littératures de juger si j'y ai réussi.

D'après ces considérations, il serait désirable, je pense, que le Comité voulût bien déclarer formellement, si son intention est d'accorder aux traductions faites en français et en latin la même faveur qu'aux traductions anglaises. Une décision négative excluerait à peu près tous les savans du continent de la coopération. Cependant, pour l'exécution d'un projet aussi vaste, il ne serait peut-être pas de trop de chercher des auxiliaires dans l'Europe entière. Dans le second Rapport annuel pour l'an 1829 en effet sont nommés plusieurs savans du continent, qui ont promis leurs coopération. Mais il n'est pas dit si leurs traductions doivent être imprimées dans la langue dans laquelle ils pourront ou voudront les rédiger, ou si on veut les traduire de nouveau en anglais. C'est une opération à laquelle l'exactitude ne gagnerait guère.

Dans le quatrième paragraphe le rédacteur du Prospectus insiste sur l'utilité des livres théologiques écrits en syriaque dans les premiers siècles du Christianisme, pour la critique du texte biblique. Il ne me vient pas dans l'esprit de contester cette utilité; mais il est évident que, dans une pareille recherche, il faut recourir aux originaux, qu'il faut même les examiner avec le soin le plus minutieux, et que des traductions y seraient hors de propos. Aussi je vois qu'il n'est question que de collation de manuscrits. S'il en est ainsi, comment tout ce paragraphe trouve-t-il sa place dans un plan pour faire imprimer des traductions?

Je m'étonne de voir passée sous silence dans cette énumération la langue arménienne. Le peu que nous connaissons de la littérature de ce peuple, fait supposer qu'il y aurait des découvertes intéressantes à faire. La Chronique d'Eusèbe complète, retrouvée dans une traduction arménienne et publiée en latin par l'abbé Angelo Mai en est un exemple célèbre. L'importance de l'historien Moyse de Chorène est bien reconnue. Une congrégation de religieux arméniens à Venise publie actuellement une collection des historiens de leur pays. Voilà donc de la matière traduisible *).

Vient ensuite dans le cinquième paragraphe un magnifique éloge de la littérature arabe et

---

*) Le second Rapport du Comité annonce au public une traduction de l'histoire de Vartan, roi d'Arménie, par Mr. Neumann. Ainsi l'oubli du Prospectus a été réparé.

persanne. — „En fait de littérature élégante,
„et particulièrement dans les ouvrages de fic-
„tion, ils n'ont peut-être jamais été surpassés;
„et en étudiant ceux de leurs ouvrages qui ont
„déjà été imprimés dans quelque langue euro-
„péenne, l'on doit regretter, qu'un si petit nom-
„bre de ces livres, si bien calculés pour donner
„du plaisir, ayent été traduits." —

J'avoue, cela me paraît un peu exagéré. Comment ose-t-on comparer la poésie de ces nations
dont les facultés intellectuelles furent offusquées
par la profession de l'Islamisme, à ce monde enchanté de la mythologie grecque, qui forme la base
de la poésie des anciens; à ces modèles parfaits d'un
goût chaste et pur, d'un noble enthousiasme, d'un
sentiment délicat des convenances; à cette diction
majestueuse et suave, à cette harmonie ravissante;
à ces belles proportions, enfin à cet équilibre admirable de toutes les facultés humaines, libre-
ment développées avec une égale vigueur, qui
brillent dans les productions originales des deux
littératures classiques?

La doctrine de Mahomet a étouffé les beaux-
arts, au moins la sculpture et la peinture, jusque
dans leur germe; et la poésie n'a échappé qu'à
peine à ce même fléau. Les Arabes n'ont pas produit un seul poème épique, l'art dramatique leur
est resté inconnu; il ne reste donc que le genre
sentencieux et lyrique. Celui-ci est passionné et
fougueux, mais il tourne dans un cercle d'idées
infiniment étroit. Cela peut charmer les ennuis
d'un Bedouin traversant le désert à dos de cha-

meau, mais des lecteurs européens se lasseront bientôt d'une nourriture aussi aride.

En général, les Arabes n'ont jamais fait preuve du génie d'invention. Dans les sciences, pendant le court espace de temps qu'ils les ont cultivées, pour ainsi dire en dépit du Prophète, ils ont été les écoliers, les traducteurs et les imitateurs de nations plus éclairées et plus ingénieuses qu'eux, principalement des Grecs et des Indiens.

On m'opposera peut-être comme un exemple frappant du talent des Arabes pour les fictions, les Mille et une nuits. Mais j'ai soutenu et je soutiens encore que la majeure partie de ces contes charmans, celle qui a fait la fortune du livre en Europe, est d'invention indienne. Jusqu'ici j'ai à peine effleuré les preuves qui se présentent en foule *); je me propose de traiter ce sujet plus à fond. Les journaux nous ont appris que M. Silvestre de Sacy, dans un discours lu dernièrement à l'Instistut, a revendiqué l'invention de ces contes pour les Arabes. L'autorité de ce célèbre orientaliste est d'un grand poids; cette fois-ci elle est en contradiction avec le témoignage formel de Massoudi **). Je ne connais pas encore

---

*) Dans l'Almanac Royal de Berlin pour l'an 1829, p. 73.

**) Feu M. Langlès a cité le premier cet historien dans son édition des voyages de Sindbad le marin, en français et en arabe, Paris 1814; dans la préface pag. IX, X. M. de Hammer a rapporté plus au long le passage en question, dans l'avant-propos des supplémens aux Mille et une Nuits, publiés d'après un males argumens de M. Silvestre de Sacy, mais je doute qu'ils me fassent changer d'avis.

La littérature arabe a tellement vécu d'emprunts que les plagiats commencent avec le Coran même. Au moins les Houris du paradis de Mahomet ressemblent prodigieusement aux Apsarases de la mythologie brahmanique; et cet arbre merveilleux appelé *Touba*, qui fournit tout ce que désirent les bien-heureux, a été bien plus anciennement imaginé par les Indiens, et désigné sous le nom de *Calpa-vricsha*.

La poésie des Persans est plus riche et plus variée que celle des Arabes. Ils ont un grand poème national, dirai-je épique ou romanesque? ils ont des romans pleins de sentimentalité; ils ont des morceaux lyriques, où respire l'enivrement de la volupté. Mais leur littérature est aussi tombée dans de grands écarts; le goût maniéré y domine. La prose a usurpé les ornemens les plus ambitieux de la poésie. Voyez par exemple le Bahar-Danush traduit par Mr. *Jonathan Scott*. C'est encore un assez joli conte d'invention indienne, d'après l'aveu de l'auteur même. Mais il est tellement noyé dans des paroles oiseuses et surchargé des fleurs de la rhétorique, que l'on a toute la peine du monde à suivre le fil de la narration. Les comparaisons louches, les métaphores arbitraires et capricieuses y abondent. C'est d'une fadeur sucrée, telle que la lecture

---

nuscrit égyptien. Le livre de Massoudi date de l'an 936 de l'ère chrétienne.

d'un petit nombre de pages suffit pour donner des nausées. Il n'est sorte d'inepties, de puérilités, de lieux communs rebattus, dont on n'y trouve des exemples *). Si c'est là de la belle prose,

---

*) Bahar - Danush; *or, the garden of knowledge. An oriental Romance. Translated from the Persic of Einaiut Oollah.* By Jonathan Scott, *Persian Secretary to the late Governor General of Bengal, Warren Hastings, etc. In three Volumes. Shrewsbury* 1799. — Vol. 1. Pag. 1. *,,The decipherers of the Ta-,,lismans of the treasures of Mystery, and acquainted ,,with the paths of the recesses of Secrecy, having ,,explored this lately-discovered Manuscript in the re-,,cords of ancient time, have thus impressed it on the ,,pages of Narration. — In days of yore, there reign-,,ed in the extensive and populous empire of Hindoo-,,stan, emblematic of paradise, a Sovereign who, like ,,the universe-illumining Sun, comprized the world ,,within the beams of his dominion; and who, by ,,the rays of the lamp of his impartial justice, enligh-,,tened the gloom of the earth. From the superiority ,,of his aspiring genius, he placed the foot of contempt ,,on the head of the Bears; and, from conscious pride ,,in his own power and dignity, regarded contempo-,,rary monarchs as groveling in the caves of non-exis-,,tence. The azure skies wore the ring of subjection, ,,etc. etc."* — A ces derniers mots le traducteur met en note, que des boucles d'oreilles sont portées dans l'orient par les esclaves, comme une marque de servitude. C'est certainement une erreur. Dans l'Inde les guerriers, les rois, les dieux même en portent. L'auteur a désigné sans doute ces anneaux de fer qu'on passe par les naseaux des buffles et des taureaux pour les dompter. Toute cette tirade, comme l'on voit,

j'entreprends d'en dicter sans interruption, en me
promenant, dans mon bain, à cheval, à table, en
voiture, en prenant le thé, dans mon lit, je dirais presque pendant mon sommeil. Mais je ne
veux pas aujourd'hui monter la cavale vigoureuse
de la critique, descendue de la noble race de l'é-
talon alexandrin Aristarque, pour combattre la
tribu fanfaronne du mauvais goût, marchant sous
l'étendard de l'afféterie. Fermement assis entre
les arçons de la raison, appuyé sur les étriers d'argumens solides, je suis sûr en effet de tenir tête
à l'ennemi; mais en poursuivant trop obstinément
les fuyards avec les flèches de la dérision, je pourrais facilement m'égarer dans les déserts sablon-
neux de la prolixité, et alors je vous retiendrais

---

n'est autre chose, que le commencement ordinaire
des contes de Fées : Il y avait autrefois un roi et une
reine, etc. — Pag. 83. ,,*She rushed towards her hus-*
,,*band, intending to dispatch the infortunate man,*
,,*and to pour out the wine of life from the bowl*
,,*of his existence on the ground of destruction.*" —
Pag. 119. ,,*Another courtier thus introduced the follo-*
,,*wing heart - ravishing charmer of history on the so-*
,,*pha of relation.*" — Pag. 149. ,,*When the Aflatoon*
,,*of day, the sun, ascended from the vat of the east,*
,,*etc.*" — Aflatoon est une corruption du nom de Platon. L'auteur a confondu Platon avec Diogène, ou il
a cru que c'était l'usage général des philosophes grecs
de coucher dans un tonneau. En voilà assez, je
pense : j'ai pris ces passages au hasard, et je ne les
garantis pas pour être les plus brillans en fait d'ab-
surdité.

peut-être malgré moi, vous, mon digne ami,
qui êtes accouru sur le dromadaire de l'attention
pour m'accompagner, vous, dont Allah veuille
soigner la prospérité; je vous retiendrais peut-
être, dis-je, auprès du puits saumâtre des bâille-
mens, sous les tentes ténébreuses de l'ennui.

Les admirateurs des deux littératures dont je
viens de parler, m'objecteront que, ne connaissant
pas les langues, je ne suis pas juge compétent des
beautés sur lesquelles ils s'extasient. Je convien-
drai de tout ce que l'on voudra. Les poésies arabes et persannes, lues dans l'original, sont ravis-
santes; soit. Mais alors un autre doute s'élève:
ce charme peut-il se transmettre dans une traduction anglaise ou européenne quelconque? Il
est reconnu que tout chef-d'oeuvre poétique perd
beaucoup à être traduit en prose. Mais la perte
est plus ou moins grande selon les genres. Dans
la poésie épique et dramatique une traduction en
prose conserve au moins la marche de l'action,
la peinture des mœurs, des passions et des caractères, quoiqu'il soit peu agréable d'entendre le
rhapsode moderne d'une tradition antique échan-
ger le langage des dieux contre celui des hommes,
ou de voir la tragédie paraître sur la scène, dé-
pouillée du cothurne et de tout son costume ma-
jestueux. Dans la poésie morale et philosophique
la pensée reste, quoique le tour de la phrase, n'é-
tant plus resserré dans le cadre d'un distique ou
d'un couplet, perde beaucoup de son élégance et
de sa symétrie sentencieuse. Mais ces émotions fugitives, ce délire momentané, auxquels s'abandonne

le poète lyrique, s'évanouissent comme un rêve avec l'harmonie des sons qui en étaient l'ame et la vie. Cet esprit volatil qu'on a voulu transvaser par un procédé grossier, s'est évaporé, et il ne reste plus que le *caput mortuum* du poème. Ensuite il ne suffit pas qu'une production poétique soit traduite en vers quelconques, il faut encore que la mesure, le retour des consonances, et la structure des strophes soyent analogues aux formes de l'original. Pope a versifié l'Iliade et l'Odyssée d'une manière assurément fort élégante; cependant tout le monde convient aujourd'hui que sa traduction est très-peu homérique. Or, le système de versification établi dans la langue anglaise, est totalement différent de la prosodie et de l'art métrique des Arabes et des Persans. En admettant malgré tout cela la possibilité d'une imitation parfaite, l'on concevra pourtant, que de pareilles traductions ne sauraient être faites à la hâte, ni commandées en bloc. Supposons qu'un auteur doué de tout le talent nécessaire, entreprît de mettre le poème de Firdousi en beaux vers anglais: combien d'années lui faudra-t-il pour achever ce travail?

Les Arabes, poussés par leurs spéculations mercantiles aux voyages lointains, ayant été de tout temps de hardis navigateurs, dès les premiers siècles du Califat ont été fort loin dans l'Asie, dans l'Afrique et dans les mers environnantes. Ils sont peut-être parvenus jusqu'à des contrées où des voyageurs européens n'ont pas encore pénétré de nos jours. On peut donc espérer des renseignemens importans de la part de leurs geographes, et le petit nombre d'entre eux qu'on a publiés jusqu'ici, répond à cette attente. D'ailleurs les livres de ce genre sont comparativement faciles à traduire, parce que le style en est simple, et qu'ils traitent d'objets matériels. La difficulté principale est dans les noms écrits sans ponctuation.

Il existe peut-être des historiens mahométans exempts de ce fanatisme stupide qui aveugle généralement ceux qui professent cette religion. Mais en est-il qui ayent su concevoir un ordre social autre que le despotisme le plus absolu? En rendant justice à leur bonne foi, il faut toujours se méfier de leur jugement. La littérature arabe ne date que de l'Hégire, la littérature persanne de quatre siècles plus tard: les géographes et les historiens de ces deux nations ne peuvent donc nous enseigner sur l'état des pays, les migrations des peuples, les changemens de dynastie, les conquêtes et autres révolutions des états, rien qui remonte au delà du moyen âge. Car, quel que soit le poids de leur témoignage en ce qui concerne les événemens contemporains, et les temps voisins de leur époque: lorsqu'ils se mêlent de parler de l'antiquité, ils ne débitent que des hypothèses absurdes et des chimères *). À cet égard

---

*) On ne supçonnera pas M. Sylvestre de Sacy d'une prévention défavorable aux historiens arabes qu'il connaît si bien. Voici le jugement qu'il en porte dans son Avertissement à la *Relation de l'Egypte par Abdallatif*, p. IX. „Entre les diverses contrées qui ont

Mahomet leur a laissé un bel exemple: voyez comme il confond les temps et les lieux, comme il dénature tout dans les traditions hébraïques! L'historien *Mirkhond* dit dans certaine occasion: „Les uns racontent le fait de la manière susdite; „d'autres avec des circonstances entièrement diffé- „rentes. Allah sait, lesquels des deux disent la

---

„fait partie de l'empire des Musulmans, il n'en est „peut-être aucune qui ait autant exercé la plume des „écrivains arabes que l'Egypte. Histoire politique et „religieuse, géographie, antiquités, histoire littéraire, „singularités naturelles, climat, culture, administra- „tion, économie publique et domestique de l'Egypte; „il n'est aucune de ces parties intéressantes qui con- „courent à former l'histoire d'un pays et celle de ses „habitans, qui n'ait été traitée par divers auteurs de „cette nation. Il ne faut pas néanmoins se faire illu- „sion sur ce grand nombre d'ouvrages qui sembleraient „devoir nous procurer une connaissance parfaite de „l'Egypte, à toutes les époques du moyen âge et „des temps modernes: parmi les écrivains dont les „travaux sont parvenus jusqu'à nous, les uns, plus „amis du merveilleux que du vrai, ont consacré la „plus grande partie de leurs veilles à recueillir des „fables puériles, des contes absurdes, des traditions „dans lesquelles à peine peut-on reconnaître pour „fondement une vérité historique; ils n'ont été rebu- „tés dans leur travail, ni par les anachronismes les „plus palpables, ni par les contradictions les plus ré- „voltantes; l'expérience journalière qui semblait devoir „leur ouvrir les yeux sur le ridicule et la fausseté de „ces légendes qui couvraient l'Egypte de talismans et „la peuplaient de génies et de fées, ne leur a servi „de rien contre les illusions d'une aveugle crédulité."

„vérité." Voilà le *nec plus ultra* de la critique historique des Mahométans.

Après les développemens du Prospectus sur l'Asie antérieure, tout le reste de ce vaste continent est expédié dans un seul paragraphe. — „Le „Comité ne se propose pas de borner ses opéra- „tions à des ouvrages écrits en Arabe, Persan et „Syriaque; il a l'intention de faire traduire et de „publier des ouvrages classiques et intéressans en „Sanscrit, Chinois, Pali, Cingalais et Birmane; „dans les langues du Tibet, de la Tartarie et de „la Turquie; dans le Malais et autres dialectes de „l'archipel oriental; et dans les nombreux dia- „lectes de l'Indoustan et de la péninsule méri- „dionale de l'Inde."

Dans cette énumération les deux nations, sans contredit les plus savantes et les plus ingénieuses de l'Asie entière, les Indiens et les Chinois, font une bien pauvre figure. Elles sont confondues dans la foule des peuples barbares ou semi-barbares, et presque rangées sur la même ligne avec les Horaforas et les Papouas: car enfin ces races d'hommes habitent l'archipel oriental. Les commencemens de la civilisation indienne et chinoise, poussée à un si grand raffinement social et scientifique, se perdent dans la nuit de l'antiquité la plus reculée. Cette civilisation est toute originale, il est impossible de démontrer que des étrangers, et de déterminer lesquels, ont été les premiers maîtres des Indiens et des Chinois dans les arts de la vie; tandis que nous avons des preuves historiques de leur immense influence au dehors.

Dans le Tibet, dans la presqu'île au-delà du
Gange, dans l'île de Ceylan et de Java, les premiers germes de la civilisation ont été apportés
par des missionnaires bouddhistes venus de l'Inde.
Il est probable qu'avant cette époque ces pays
n'ont pas même eu l'usage de l'écriture, puisque
tous les alphabets dont on s'y sert, sont dérivés
du Dévanâgari. On a trouvé des brahmanes dans
l'île de Bali à côté de Java; et j'ai prouvé ailleurs*), par des argumens décisifs ce me semble,
qu'outre les missionnaires bouddhistes, il est arrivé
dans l'île de Java, à une époque très éloignée,
des colons professant le culte brahmanique; des
hommes savans et lettrés qui parlaient le sanscrit
le plus pur, lequel a passé presque sans altération
dans le *Kawi*, l'ancien langage poétique des Ja-
vanais; tout comme les fictions du Mahâ-Bhârata
se sont naturalisées dans cette île, si éloignée de
d'Indoustan proprement dit. D'un autre côté un
voyageur moderne a découvert des débris de la
mythologie indienne chez les Calmouques sur les
bords du Wolga **). L'ascendant politique et
littéraire de la Chine s'est fait sentir principalement dans les pays que le Dr. Leyden désignait
par le nom d'Indo-Chinois, et dans l'Asie centrale. Les Chinois ont transporté au-delà des
mers leur civilisation dans le Japon: pays dont
l'oubli dans l'énumération du Prospectus est vraiment inconcevable. L'Inde y a exercé une in-

____

*) Voyez ma Bibliothèque Indienne, Vol. 1. p. 400-425.
**) V. les *Excursions nomades* de Bergmann.

fluence moins immédiate par l'introduction du Bouddhisme, qui sans doute y a passé de la Chine.

Les littératures sanscrite et chinoise, dans des genres différens et fortement contrastés, sont l'une et l'autre au premier rang et hors de ligne. Rien de ce qui existe dans le reste de l'Asie peut y être comparé pour l'antiquité, la richesse et la valeur intrinsèque des ouvrages.

Après tout ce qui a été dit par plusieurs écrivains anglais justement célèbres, après tout ce qu'ils ont communiqué au public par des indications générales, par des extraits ou même par des traductions, il serait superflu de parler ici au long du mérite de la littérature indienne : de caractériser la beauté et la structure admirable du sanscrit, son aptitude aux emplois les plus nobles que l'homme puisse faire du don divin de la parole ; la perfection de l'écriture, par où il se distingue si avantageusement des langues dites Sémitiques ; les livres sacrés et canoniques des Brahmanes ; la pureté primitive de leur doctrine, corrompue postérieurement par la superstition et la supercherie ; leur antique législation civile et religieuse, dont les bases inébranlables depuis un nombre inconnu de siècles ont résisté au laps du temps et au choc des invasions étrangères ; les systèmes de metaphysique, dont les spéculations sont si anciennement indigènes dans l'Inde, que la langue même en est profondément empreinte ; la mythologie, ce labyrinthe de fictions merveilleuses, mélange bizarre, toujours curieux, quelquefois sublime, d'idées cosmogoniques, d'allégories, et de traditions héroïques ; la poésie, où brille une sensibilité délicate, une grande élasticité morale, un essor constant de l'imagination vers les régions idéales ; la poésie dont on peut suivre le développement au travers de tous les styles, depuis la simplicité patriarcale jusqu'aux raffinemens les plus artificiels, dans le genre épique, dramatique, lyrique, épigrammatique et sentencieux ; l'invention ingénieuse des apologues et des contes amusans ; enfin les progrès faits dans les sciences exactes, dans l'arithmétique, l'algèbre et l'astronomie. Plusieurs branches du savoir indien sont encore entièrement inconnues, par exemple les traités sur la médecine et les arts mécaniques.

Dans cette littérature si riche et si variée, il y a pourtant une grande lacune : c'est l'histoire. Quelle que soit la cause de cette omission, il n'existe pas d'annales régulières d'une date fort ancienne, ni de récits exacts et circonstanciés des événemens politiques, dont le souvenir, s'ils ne sont pas tombés dans l'oubli, semble s'être transformé en mythologie. La seule exception que l'on connaisse jusqu'ici, c'est ce livre que les habitans de Cachemire présentèrent à l'empereur Acbar, et dont on a retrouvé quelques manuscrits. Il est réservé à la sagacité et à la critique historique des savans européens, de combler ce vuide, et de refaire, autant que cela est encore possible, l'histoire de l'Inde, en combinant les témoignages des anciens, les annales des Bouddhistes, les monumens et inscriptions, et les notices éparses dans les livres sanscrits d'un autre genre.

Quant aux Chinois, je laisse à M. *Abel-Rémusat* le soin de les venger de l'injure qui leur a été faite dans le Prospectus. Je me bornerai à une seule remarque. Si l'on fait valoir avec raison l'utilité des géographes et des historiens arabes, sous ce rapport les auteurs chinois méritent au moins une égale attention. Les Chinois n'ont point de mythologie; ils laissent en blanc les époques anciennes de leur histoire qu'ils ne savent pas remplir de faits avérés. Ce dédain des traditions fabuleuses, que Voltaire louait comme un trait de sagesse, provient peut-être d'un manque d'imagination; mais en revanche cette sobriété d'esprit donne un grand poids à leur témoignage. Les historiens d'une nation qui possède un registre chronologique d'un genre de phénomènes que les naturalistes européens ont révoqué en doute jusque vers la fin du dix-huitième siècle, je veux dire des aërolithes, tombés dans l'empire de la Chine, registre constaté par les procès-verbaux des autorités locales, et remontant jusqu'au commencement du septième siècle avant notre ère*); les historiens d'une telle nation, dis-je, méritent toute espèce de confiance, lorsqu'il s'agit d'un fait matériel. Les livres chinois sont remplis de notices sur l'Asie centrale, sur l'Inde et sur l'Archipel oriental. *Deguignes* a éclairci par des autorités chinoises l'histoire de la migration des Huns, et l'irruption des Indo-Scythes qui renversa l'empire

---

*) Rémusat *Melanges asiatiques* T. I, p. 184 — 209.

de Bactrie. MM. *Abel-Rémusat* et *Klaproth* ont puisé à la même source un grand nombre de renseignemens importans. La seule circonstance qui semblerait devoir diminuer l'utilité des auteurs chinois dans l'histoire et la géographie de l'Asie, c'est l'altération des noms propres, causée par une prononciation défectueuse et par leur système d'écriture, qui les force à décomposer les noms étrangers en autant de mots qu'il y a de syllabes ou même de consonnes. Toutefois, avec une critique judicieuse et circonspecte, on peut se flatter de déterminer avec certitude les objets et les personnes qu'ils ont voulu désigner.

Après ce coup d'œil rapide des langues énumérées dans le Prospectus, je reviens aux traductions à faire. Personne ne contestera que deux conditions ne soyent indispensables pour traduire quelque livre que ce soit: il faut savoir la langue dans laquelle il est écrit, et il faut être en possession de l'original. Ces conditions ne sont pas toujours aussi faciles à remplir que le Comité semble le présumer. Je me bornerai à quelques développemens relatifs au sanscrit, dont je puis parler en connaissance de cause.

Toute langue, tant soit peu riche et savamment cultivée, offre un sujet en quelque sorte inépuisable au travail de la mémoire et de l'esprit. Cela s'applique même à la langue maternelle. Le lexicographe le plus laborieux, après avoir achevé son ouvrage, y trouvera encore des découvertes à faire. Heureusement une connaissance aussi universelle et parfaite n'est pas nécessaire; autrement la condition serait presqu'impossible à remplir. Il suffit que le traducteur soit versé dans le département de la langue, auquel appartient le livre qu'il entreprend d'expliquer.

D'autre part une facilité purement de routine, telle que les hommes les moins instruits peuvent l'acquérir pendant un long séjour à l'étranger par leur commerce journalier avec les naturels du pays, est insuffisante pour bien traduire un livre écrit dans le plus humble idiome populaire de l'Inde moderne. Le sanscrit, étant une langue éteinte, uniquement consignée dans les livres anciens et dans les discours des savans, ne saurait être appris de cette manière: il faut absolument une instruction méthodique, il faut avant tout de bons livres élémentaires.

Le professeur des langues orientales à Cambridge, M. *Lee* *), dans sa lettre adressée à mon digne et respectable ami, *Sir Alexandre Johnston*, passe en revue les grammaires et les dictionnaires des langues arabe et persanne qu'on a publiés jusqu'ici. Il trouve tous ces livres plus ou moins défectueux sous différens rapports; il indique d'autres moyens, spécialement les commentaires des scoliastes, auxquels il faudrait recourir pour arriver à une parfaite intelligence des auteurs originaux; et il conclut de là que l'œuvre des traductions demande encore de grands préparatifs. S'il en est ainsi de ces deux langues, cultivées

---

*) Voyez l'Appendice sous la lettre B.

depuis deux siècles par tant d'éminens philologues européens, pourra-t-on s'étonner, que nous ne soyons pas plus avancés dans le sanscrit, dont on a commencé à peine depuis vingt cinq ans à rendre l'étude accessible par des livres imprimés? Je me hasarderai à imiter l'exemple du célèbre orientaliste de Cambridge, avec infiniment moins d'autorité sans doute, mais avec une égale bonne foi. Si je suis conduit à critiquer, certes ce ne sera pas pour déprécier le mérite de ceux de vos compatriotes, qui se sont distingués les premiers dans une entreprise aussi ardue, et à qui l'Europe doit tant de reconnaissance. Par la force des choses, il est impossible d'éviter toutes les imperfections dans les premiers essais. Il faut bien d'efforts combinés pour poser les fondemens et élever l'édifice d'un nouvel ensemble de connaissances.

Nous avons déjà un nombre considérable de grammaires sanscrites. Il ne peut plus être question de celle du *Père Paulin*, quoiqu'elle n'ait paru qu'un an avant celle de M. *Colebrooke*. On sait que le P. Paulin s'est prévalu des manuscrits du *Père Hanxleden*, jésuite allemand, et missionnaire dans la péninsule vers le milieu du dix-septième siècle. Les progrès que ce missionnaire avait fait dans le sanscrit, méritent assurément des éloges, si l'on considère l'époque où il a vécu, son isolement et sa position à l'extrémité méridionale de l'Inde. Le P. Paulin, souvent plein de morgue, était pourtant bien pénétré de la difficulté de cette langue qu'il enseignait sans la savoir. „C'est

„une admirable astuce du diable, dit-il, d'avoir
„engagé les anciens philosophes Brahmanes à former
„une langue si riche et si compliquée, afin de
„mieux cacher leurs dogmes religieux et leurs
„mystères, non seulement aux yeux du vulgaire,
„mais même à des hommes doués d'une certaine
„sagacité." En définitive le diable y a perdu sa
peine, puisque voilà le mystère dévoilé. On pourrait, ce me semble, opposer au Père Paulin le
dilemme suivant: si la doctrine des anciens Brahmanes était bonne, il serait injurieux de les croire
inspirés par le Démon; si elle était mauvaise, il
devait plutôt leur suggérer une langue simple et
facile, pour la répandre chez tous les peuples du
monde.

Dans cette grammaire les lettres malabares
sont employées pour le petit nombre de mots originaux qui ne sont pas transcrits en latin. Depuis on a introduit avec grande raison dans l'enseignement du sanscrit le caractère Dêvanâgari,
et nous avons vu paraître successivement depuis
1805 les grammaires de MM. *Colebrooke, Carey,
Wilkins, Forster, Yates, Frank* et *Bopp* *). La

---

*) *A Grammar of the Sanscrit Language.* By H. T.
Colebrooke, *Esq. Vol. I. Calcutta* 1805. *fol.* — *A
Grammar of the Sungskrit Language, composed from
the works of the most esteemed Grammarians. To
which are added examples for the exercise of the student and a complete List of the Dhatoos or Roots. By*
W. Carey, *teacher of the Sungskrit, Bengalee and Ma-
ratta Languages, in the College of Fort-William. Serampore* 1806. 4. — *A Grammar of the Sunskrita*

plupart de ces livres élémentaires peuvent être consultés avec avantage sur tel ou tel point; tous pris ensemble laissent encore beaucoup à désirer.

Les grammaires de MM. *Colebrooke* et *Forster* sont restées incomplètes. M. Colebrooke fut gêné par un obstacle typographique. Les premiers caractères dévanâgaris qu'on avait fait graver et fondre à Calcutta, étaient d'une grosseur si informe, qu'il n'eût pas pu mettre un nombre suffisant d'exemples sans grossir le volume outre mesure. Ce grand savant avait fait une étude profonde des anciens grammairiens indiens, à commencer par *Pánini*; il a voulu transmettre à l'Europe leur doctrine tout entière, sans en excepter les subtilités superflues. „J'ai pensé, dit-il, qu'il était prati-„cable de composer une grammaire d'après le „même système, qui pût être aisément comprise „par un étudiant anglais du sanscrit. Sans croire „que j'y ai réussi, je persiste à penser que cela „est praticable." — Je reviendrai sur cette question.

La grammaire de M. *Carey* forme un volume de plus de mille pages grand in quarto. Ce n'est

Language by Charles Wilkins. *London* 1808. 4. — *An Essay on the principles of Sanskrit Grammar P. I. By* H. P. Forster. Calcutta 1810. 4. — *A Grammar of the Sanscrit Language, on a new Plan. By* William Yates. *Calcutta* 1820. 8. — *Grammatica Sanscrita. Nunc primum in Germania edidit* Othmarus Frank, *ph. Dr. etc. Wirceburgi* 1825. 4. — *Ausführliches Lehr-gebäude der Sanskrita-Sprache von* Franz Bopp. *Ber-lin.* 1827. 4. — Fr. Bopp *Grammatica Critica linguae Sanscritae. Fasciculus prior. Berolini* 1829. 8.

pas un ouvrage dont le plan ait été conçu dans l'esprit de l'auteur: ce sont des notes prises sous la dictée d'un Pandit qui, en donnant ses leçons, a suivi la méthode et la terminologie d'un grammairien moderne *Vôpadêva*. Cela va bien, aussi souvent que M. Carey a compris son *Pandit;* lorsque le Pandit n'a pas su s'expliquer assez clairement, M. Carey de son côté devient inintelligible. Dans l'explication des phrases sanscrites il y a d'étranges méprises.

La grammaire de M. *Wilkins* est à une distance immense de là. L'auteur s'était approprié par la pensée tout ce qu'il avait appris; par la simplicité, la clarté et l'élégance de son style il a su répandre du charme sur une étude très sêche en elle même; il a su rapprocher du cercle des idées européennes la structure d'une langue qui, sous quelques rapports, dépasse notre imagination, sans en effacer les traits caractéristiques. Un tel livre élémentaire est fait pour inspirer aux écoliers le goût du sanscrit et pour leur faciliter les premiers progrès. Les nombreuses fautes d'impression qui se sont glissées même dans les paradigmes, peuvent être facilement corrigées par un maître habile.

M. *Forster* a cru devoir rédiger la presque-totalité de son livre en forme de tableaux, dont l'usage devient fort compliqué par un grand nombre de renvois en chiffres. Une partie de ces tableaux paraît superflue, si les règles générales sont bien expliquées; une autre partie appartient plutôt au dictionnaire qu'à la grammaire.

M. *Yates* a voulu traiter la langue la plus savamment organisée que nous connaissions après le grec, comme un idiome vulgaire. Il devait naturellement échouer dans une tentative aussi mal imaginée. Il a ôté la précision et laissé subsister l'obscurité. J'ai parlé ailleurs plus en détail de ce livre, et j'ai démontré que l'auteur n'a pas su expliquer les phrases sanscrites les plus simples *).

La grammaire de M. *Frank* est défigurée par des caractères Dêvanâgari mal lithographiés, écrite dans un latin scolastique, et surchargée d'une méthaphysique confuse; elle ne rachète ces inconvéniens par aucun avantage réel.

M. *Bopp* s'est occupé avec prédilection de l'analyse comparative des langues : il a donné sur ce sujet plusieurs traités, dont l'un écrit en anglais **), remplis d'aperçus fins et ingénieux. Sa grammaire est exacte et methodique; on ne saurait le blâmer d'avoir essayé de montrer comment les formes variées du sanscrit découlent de certains principes fondamentaux. Mais dans les recherches sur l'unité primitive des langues d'une même famille, lorsque nous essayons de nous faire une idée de leur formation graduelle, et de rémonter à une époque de l'antiquité dont

---

*) Bibliothèque Indienne, Vol. II. p. 11 — 19.
**) *Annals of oriental litterature.* London 1824. *P. I. Analytical comparison of the Sanscrit, Greek, Latin, and Teutonic Languages, shewing the original identity of their grammatical structure.* By F. Bopp.

il n'existe point de monumens écrits, nous sommes sur un autre terrain que quand il s'agit des règles positives d'une langue fixée par l'usage depuis un temps immémorial. À mon avis, M. Bopp a un peu trop confondu les deux genres: il accorde trop de place à ses idées favorites et même à ses hypothèses. Les nombreuses innovations qu'il a introduites, ne seront probablement pas approuvées par ceux qui pensent que dans un langue anciennement cultivée et fixée, il faut respecter l'usage et les autorités classiques.

La partie la moins satisfaisante dans toutes ces grammaires c'est la syntaxe: MM. Colebrooke et Bopp ne sont pas arrivés jusque-là; et chez les autres le petit nombre de pages réservées à ce chapitre, peut à peine mériter ce nom. Cependant la syntaxe est d'une importance majeure dans l'interprétation et la critique des textes.

La grammaire, dans l'opinion des Brahmanes, occupe un rang très-élevé parmi les sciences humaines. Ils la mettent dans un rapport immédiat avec la théologie, à cause de son utilité pour bien comprendre leurs saintes écritures, et pour préserver de toute corruption ce dépôt sacré. Ils considèrent le sanscrit même comme une révélation. Sans quitter le point de vue profane d'une origine naturelle, on doit leur accorder qu'un organe aussi parfait de la pensée et de toutes les jouissances intellectuelles, est une noble prérogative. L'histoire nous fait voir, que chez plusieurs nations possédant des langues pareilles, l'heureux instinct qui avait présidé à leur formation, s'est

perdu ensuite, et que les langues ont dégénéré.
Les anciens sages de l'Inde ont pensé qu'il ne fallait pas abandonner le sanscrit aux caprices
variables et à la négligence du vulgaire. Ils l'ont
enseigné de bonne heure par les modèles et les
préceptes, et ils ont réussi à le fixer sans en gêner
le développement régulier moyennant la dérivation et la composition des mots. Ils ont approfondi la théorie de ces deux moyens d'enrichir
leur langue, tandis que les grammairiens grecs ne
se sont pas seulement doutés que cela fût possible.
La grammaire a été si anciennement cultivée dans
l'Inde que les fondateurs de cette science, *Pánini,
Cátyáyana* et *Patanjali*, sont devenus des personnages mythologiques. Pânini passe pour le plus
ancien; en y regardant de près, on voit pourtant
qu'il a eu des prédécesseurs, puisqu'il cite dans
ses aphorismes huit autres grammairiens. M. Colebrooke pense que les écrits de quelques-uns
d'entr'eux, peut-être de tous, existent encore.
Mais ceux que j'ai nommés sont les oracles du
langage classique. „Si leurs opinions sur quelques
„points diffèrent, dit M. Colebrooke, on peut opter,
„mais s'ils sont d'accord, il faut se soumettre à leur
„autorité." Cependant on irait peut-être trop
loin en disant que, dans aucun cas, il n'est permis
de les contredire. Ils sont des témoins irrécusables
sur des questions de fait; mais une partie de leur
doctrine est spéculative: par exemple l'étymologie,
dès qu'elle dépasse le cercle des analogies grammaticales. Ils savaient parfaitement leur langue
maternelle, mais ils n'en connaissaient pas d'autre;

nous savons moins bien le sanscrit, mais nous pouvons le comparer avec d'autres langues, et rectifier par là nos vues générales.

Néanmoins M. Bopp, dans la préface de l'édition allemande de sa grammaire, congédie formellement les grammairiens nationaux du sanscrit; il soutient qu'après ce qui en a été extrait déjà, ils ne peuvent plus rien nous apprendre. C'est une grande erreur, je n'hésite pas à le dire. Je pense au contraire que, pour marcher d'un pas assuré dans la critique des textes, il faut être suffisamment initié dans le système des principaux grammairiens indiens, pour savoir les consulter au besoin. M. Colebrooke l'a pensé de même : c'est d'après ses ordres que deux ouvrages importans, les *Aphorismes* de Pânini, avec un extrait des commentaires, et la *Siddhânta-Caumudí*, ont été imprimés à Calcutta. Sans doute, la méthode de ces grammairiens diffère totalement de celle à laquelle nous sommes habitués; elle est fort abstruse. Mais en revanche ils se distinguent par une briéveté et une précision admirables, par l'esprit scientifique dans la recherche des principes, et par l'exactitude scrupuleuse qu'ils mettent à constater le fait de l'usage. Outre la terminologie ordinaire puisée dans la langue même, et appropriée seulement à un emploi spécial, Pânini et ses successeurs ont imaginé un autre système de termes techniques. Ce sont des mots fictifs, des signes abrégés, qu'on peut comparer à ceux de l'algèbre. Il faut en avoir la clé, sans quoi les Aphorismes de Pânini ressemblent à des énigmes plus obscures

que les oracles de Bacis; de même qu'un écolier
qui ne sait que les élémens de l'arithmétique, ne
comprendra rien aux formules algébriques.

Quel que soit notre jugement sur cette méthode, nous ne pouvons pas vouloir l'ignorer. Les
commentateurs indigènes sont nécessaires pour
l'intelligence des livres difficiles, et les commentateurs, dans tout ce qui a rapport à la grammaire, se servent de ces termes techniques. On
voudra bien arriver finalement à la lecture des
Vêdas, de ce monument mémorable de l'antiquité,
source première de la doctrine brahmanique.
Or les Vêdas sont écrits dans un langage suranné,
dont les licences qui se trouvent par-ci par-là
chez les plus anciens poètes épiques, ne sont qu'un
dernier reste. Pânini marque dans un grand détail la différence du style sacré et de l'usage profane. Outre que la connaissance en est nécessaire
pour la critique et l'explication des Vêdas, ces formes vieillies sont intéressantes pour la théorie générale et la comparaison des langues. Quelques-unes
sont de vraies déviations, des irrégularités que l'instinct grammatical a rejetées plus tard; d'autres fois
la forme des mots et les inflexions anciennes sont
plus rapprochées de celles qu'on trouve dans des
langues affiliées, et concourent à prouver leur
unité primitive.

Les règles de l'accentuation ont été laissées
de côté par tous les grammairiens européens du
sanscrit. Aujourd'hui dans les écoles des Brahmanes on prononce les vers des anciens textes
uniquement d'après la quantité des syllabes, avec

une récitation monotone. Mais jadis le sanscrit
a été accentué comme toutes les langues vivantes,
et cette accentuation nécessairement a dû avoir
de l'influence sur la formation de la langue. Pânini en donne les règles qui ne sont pas faciles
à comprendre, parce que les accents ne se trouvent écrits nulle part.

Ces raisons, auxquelles je pourrais ajouter
plusieurs autres, suffiront pour montrer combien
l'étude des anciens grammairiens indigènes est
importante. Mais elle est d'un abord très-diffi-
cile. Les deux ouvrages que je viens de nommer, ne sont accompagnés d'aucun mot anglais
depuis le titre jusqu'à l'errata; leur extérieur
même est rébutant: c'est un labyrinthe où l'on
perd son temps à chercher des éclaircissemens sur
telle ou telle matière. Ainsi que tous les livres
sanscrits imprimés à Calcutta d'après les ordres
de M. Colebrooke, et exécutés par le libraire *Bá-
bou-Ráma*, ce ne sont pas des éditions comme
nous l'entendons, ce sont des manuscrits multipliés par l'impression.

Une introduction générale à l'étude des grammairiens originaux serait donc un ouvrage fort
utile à entependre. Pour remplir son but elle
devra contenir: 1) une analyse de leur méthode,
éclaircie par des exemples; 2) un catalogue de
tous les termes techniques avec leur définition,
arrangé par ordre alphabétique; 3) la terminologie par signes abrégés et formules, expliquée
dans le plus grand détail; 4) un répertoire de
toutes les séries de mots sujets à une règle parti-

culière, lesquelles sont désignées par le premier mot, placé arbitrairement à la tête en y ajoutant *et caetera.*

Je passe aux dictionnaires. Dans la lexicographie comme dans tant d'autres parties, M. Colebrooke a le premier frayé le chemin par son excellente édition de l'*Amara-Cosha.* En lisant le compte rendu dans la préface, en voyant les préparatifs qu'il avait faits, les amples matériaux qu'il avait rassemblés, on est frappé de l'immensité du travail; en examinant l'ouvrage, on admire l'esprit scientifique et la critique judicieuse qui a présidé à l'exécution. Il n'y a qu'une chose à regretter: c'est que M. Colebrooke dans ses notes ait presque renchéri sur le laconisme d'*Amara-Sinha.* Cet auteur s'est servi d'une méthode ingénieuse, pour indiquer sans ambiguité en même temps le genre des noms et la forme de leur déclinaison, en s'épargnant les longueurs et la répetition fastidieuse des mêmes expressions, masculin, féminin, neutre etc. Il a resserré l'explication de cette méthode dans l'espace de huit vers, placés à la tête du premier chapitre. L'éditeur a passé sous silence ces huit vers, qui sont pourtant la clé de tout le reste; il fait de même à l'égard des autres passages du même genre. Enfin il a extrait toute la substance du livre, il a fait même davantage, en ajoutant beaucoup de notes tirées des commentateurs; mais il n'a nulle part enseigné l'analyse du texte, par laquelle il est parvenu au résultat. Si les étudians savent remplir cette lacune, on pourra les féliciter de leurs progrès. Les expressions employées dans l'original pour définir les mots difficiles, ou ceux dont la signification varie, sont exclues du registre, et cette singulière omission a souvent passé dans le dictionnaire de M. Wilson.

L'édition de M. Colebrooke ne se trouvant plus dans la librairie, une réimpression serait fort désirable. Il n'y aurait presque rien à changer aux notes du premier éditeur; il y aurait seulement des additions à faire; et nos moyens typographiques facilitent un arrangement plus commode. Il faut toujours revenir aux sources, et l'Amara-Cosha est un livre classique. Ces admirables définitions rédigées en peu de mots, dont il est rempli, nous initient mieux à la véritable acception d'un terme, que tout ce qu'on en pourrait dire dans une langue européenne.

Onze ans après l'Amara-Cosha, le dictionnaire de M. *Wilson* fut publié à Calcutta. C'était encore un grand pas de fait dans l'étude du sanscrit. L'auteur dans sa préface rend compte de l'assistance qu'il a eue, de ses matériaux et de ses procédés. Dès la fondation du collége de Fort William on avait commencé à faire compiler par des savans du pays un dictionnaire alphabétique, extrait de tous les vocabulaires qu'on avait pu rassembler. Ce dictionnaire, destiné à l'usage des étudians anglais, resta en manuscrit. M. Wilson fit là-dessus un premier travail: mais il ne tarda pas à voir qu'il fallait refondre tout l'ouvrage, et compulser de nouveau les lexicographes originaux dont il était tiré. Il eut des Pan-

dits pour collaborateurs: cependant il resta seul
chargé de la rédaction en langue anglaise, et c'était
une tâche immense. J'ai parlé en détail de cet
ouvrage important dans ma Bibliothèque Indienne,
et je puis ici me référer à cet article. Ce qu'il y
a de défectueux dans le dictionnaire de M. Wilson,
est en grande partie une conséquence presque inévitable du plan arrêté d'avance, lequel cependant
à cette époque était peut-être le seul qu'il fût
possible de suivre. Tout le mérite de l'exécution
lui appartient; et ce mérite suffit pour assurer à
son nom une célébrité du premier rang parmi les
fondateurs de la philologie indianiste.

Ce dictionnaire est d'abord extrêmement incomplet. Les omissions sont quelquefois incon-
cevables: par exemple on y cherche en vain le
mot *iha*, qui signifie *ici*, adverbe de lieu, de l'usage
le plus fréquent. Le croirait-on? Dans le glossaire bengalique de M. *Haughton* on trouve plusieurs mots sanscrits, parfaitement classiques, qui
sont omis dans le grand dictionnaire. Dans la
grammaire bengalique du même auteur les nombres cardinaux et ordinaux sont aussi énumérés
beaucoup plus complètement. La *Bhagavad-Gîtâ*
ne contient que quatorze cents vers: j'ai sous les
yeux une table alphabétique fort exacte de ce
poème; il y a cinq cents articles bien comptés
qui manquent dans le dictionnaire. Dans ce calcul je ne fais pas entrer les mots qui, pour ainsi
dire, n'ont qu'une existence passagère. De ce
nombre sont tous les composés agrégatifs, l'un
des idiotismes les plus singuliers de la langue san-

scrite; ensuite ces compositions d'une longueur démesurée, qui dans cette langue tiennent lieu des phrases incidentes et des périodes complexes, auxquelles sa structure ne se prête guère. Cela irait à l'infini; d'ailleurs il n'est pas nécessaire d'accorder une place à des mots dont la signification est déterminée par la combinaison et l'arrangement de leurs élémens simples: la connaissance de ces élémens et les règles de la grammaire suffisent pour les comprendre. M. Wilson dit avec raison que le lexicographe ne peut pas suivre la licence effrénée des poètes dans tous ses écarts. Mais beaucoup de mots dérivés et composés prennent un sens que leur forme et leurs élémens ne laissent pas deviner. Ensuite on veut connaître toute la richesse d'une langue; et enfin un dictionnaire est destiné à faciliter l'étude, à aider la mémoire et à suppléer au travail de la pensée.

J'ai cité l'exemple d'un poème, philosophique en effet, mais d'un style antique et simple. J'en pourrai citer d'autres. Qu'y a-t-il de plus fondamental que la loi de Manou? Bien que je ne saurais évaluer au juste le nombre des mots qui s'y trouvent, et qui sont omis dans le dictionnaire, j'ose affirmer qu'il est très considérable. Il en est de même dans d'autres branches. Voyez la traduction de l'algèbre de *Bhâscara* et de *Brahmagupta* par M. Colebrooke: la plupart des termes appartenant à cette science et à l'arithmétique, qu'il a marqués et expliqués dans les notes avec son exactitude habituelle, ou manquent entièrement dans le dictionnaire, ou du moins leur signification technique n'y est pas spécifiée. L'astronomie a un côté populaire, c'est-à-dire tout ce qui tient à la mythologie ou à l'astrologie; celle-là est assez bien soignée. Mais le dictionnaire contient peu de termes astronomiques d'un ordre plus relevé. L'omission ou la réception semble dépendre du hasard. Le nom de l'équateur a été reçu; celui de l'écliptique ne jouit pas du même honneur.

Ces omissions ne doivent pas être mises sur le compte de M. Wilson, pourvu qu'il ait épuisé dans ses extraits le contenu des vocabulaires, ce qu'il a fait certainement, autant qu'on en peut juger par ceux qui ont été imprimés. On demandera donc avec étonnement, comment les lexicographes indiens ont pu laisser de pareilles lacunes? C'est qu'ils travaillaient de mémoire; qu'ils arrangeaint leurs recueils généralement par ordre de matières, et ne se servaient que dans quelques portions d'un ordre alphabétique assez imparfait; qu'ils se soumettaient aux entraves de la versification, et affectaient une brièveté extrême, leurs traités étant destinés à être appris par cœur par les écoliers. Comme leur but principal était d'enseigner à parler et à écrire correctement le sanscrit, ils se sont attachés de préférence aux mots d'un emploi rare, à ceux dont le genre, la déclinaison et le sens pouvaient paraître douteux; ils ont laissé de côté ce qui était familier à leurs compatriotes, mais qui pour nous a grandement besoin d'explication.

Ainsi donc le rédacteur anglais est pleine-

ment justifié; les glossateurs indiens ont leur ex-
cuse: mais un dictionnaire aussi incomplet n'en
laisse pas moins souvent dans l'embarras le traducteur et l'éditeur d'un texte sanscrit.

Les articles concernant les termes *polyséman-
tiques* sont particulièrement peu satisfaisans: la
rédaction de ces sortes d'articles est pourtant la
pierre de touche d'un bon dictionnaire. Il faut
d'abord chercher la signification primitive ou fondamentale du mot, à laquelle toutes les autres
doivent être ramenées comme à leur côntre commun; il faut observer l'affinité des idées, et re-
tracer le passage graduel et nuancé de l'une à
l'autre; il faut expliquer les transitions brusques
et inattendues: ce sont pour la plupart des expressions originairement figurées et devenues peu à
peu des mots propres, lorsque la métaphore ou
l'allusion qui leur avait donné naissance, a été
oblitérée par le temps. Quelquefois une seule
série ne suffit pas: il faut revenir plusieurs fois
à la tige commune, pour suivre les ramifications
divergentes. Dans le dictionnaire de M. Wilson
les significations les plus diverses et même dispa-
rates sont entassées sans aucune méthode; la signification primitive est confondue dans la foule,
ou elle arrive la dernière de toutes*). Ces imper-

---

*) Cela ressemble à un Dictionnaire anglais, où l'on trou-
verait des articles rédigés de la manière suivante:

Fox. 1. Un célèbre homme d'état et orateur parlementaire.

fections proviennent encore de ce qu'on s'est borné
à copier les glossateurs originaux. Ceux-ci, gênés
par la versification, n'ont pas même aspiré à l'ordre
logique: c'est le nombre et la quantité des syllabes qui détermine l'arrangement des significations indiquées. Leur énumération à perte de
vue est vraiment effrayante. L'écolier se demandera: comment démêler l'acception du mot dans
tel ou tel passage parmi des métamorphoses aussi
arbitraires? En général, la confusion se debrouille
à mesure que l'on examine de plus près; lorsqu'on
a saisi le point central et les chaînons intermédiaires, ce qui avait d'abord paru inexplicable,
devient simple et naturel. Plusieurs transitions
sont néanmoins de nature à exiger une profonde
connaissance de la mythologie indienne, de la métaphysique des Brahmanes et de toute leur manière de voir, pour en concevoir la possibilité.

La partie étymologique aussi a besoin d'une
réforme. J'approuve fort que M. Wilson ait désigné les dérivations régulières par les formules
de Pánini, mais il a oublié d'en donner la clé.
Il fallait mettre en tête du dictionnaire une table
où ces formules fussent expliquées, en distinguant
les lettres efficientes des quiescentes, et en indi-
quant par quelle raison celles-ci ont été ajoutées.

Les grammairiens indiens, comme l'on sait,
soutiennent que tous les mots sanscrits sont dé-

2. Un homme rusé et perfide.
3. Un petit quadrupède carnassier, très-dan-
gereux pour les basses-cours.

rivés des verbes primitifs, ou plutôt de certaines
syllabes qui servent de base à toutes les inflexions
de chaque verbe; que nous appelons *racines* d'a-
près l'exemple des grammairiens arabes et hébreux,
(car les Grecs n'ont pas même conçu cette idée)
et que les Indiens nomment *dhâtu*, c'est-à-dire
le minerai. Leur doctrine est incontestable à
l'égard de la plus grande partie des noms substantifs et adjectifs; mais il reste dans le creuset
une masse considérable de mots refractaires à ce
genre d'analyse; et c'est là où commence l'étymologie conjecturale. M. Wilson donne en général la dérivation des mots sans citer aucune autorité, ce qui ferait soupçonner qu'il n'existe pas
d'autorité classique, et qu'elle a été fournie par
les Pandits d'aujourd'hui. Dans ce cas-là des
étymologies évidemment absurdes et chimériques
comme il y en a baucoup, ne méritent aucune
attention, et je serais d'avis de les rayer tout sim-
plement. Si, au contraire, elles sont un héritage
des anciens grammairiens, les égaremens même de
leur théorie sont un fait curieux à connaître.
Gardons nous cependant de rejeter sans examen,
à cause de leur apparence paradoxale, des étymologies peut-être authentiques. Les racines du
sanscrit et des autres langues de la même famille
ont quelque chose de mystérieux; elles sont singulièrement vagues pour l'intellect, mais con-
crètes et individuellement circonscrites pour l'imagination; et leur fécondité tient en grande partie
à la réunion de ces deux qualités. Dans un âge
du monde fort éloigné de nous, la marche de

l'esprit humain aussi était différente. Mais on peut hardiment prononcer qu'une étymologie est fausse, quand, pour arriver au résultat, il a fallu torturer les élémens matériels de la racine prétendue, et admettre des mutations, suppressions ou additions de lettres qui sortent de toutes les analogies connues.

M. Wilson a disséminé dans son dictionnaire les racines des verbes, en les soumettant au même ordre alphabétique avec le reste. Les vocabulaires indiens ne contiennent que les noms substantifs et adjectifs, les adverbes et les particules; les racines sont rassemblées dans des catalogues particuliers. Il serait peut-être à propos d'adopter cette méthode, et de diviser le dictionnaire en deux parties, dont l'une contiendrait exclusivement les verbes primitifs avec leur cortège de compositions et dérivations verbales, la seconde toutes les autres classes de mots. La réunion des racines en un seul corps donne lieu à une foule de rapprochemens que l'on perd de vue par leur dispersion. D'ailleurs, un ordre alphabétique un peu différent de celui que nous employons communément, est préférable. Beaucoup d'analogies entre les verbes sont déterminées par la lettre finale, soit voyelle, soit consonne: il est donc avantageux de placer ensemble toutes les racines qui se terminent par la même lettre, et de n'employer les initiales que comme un principe secondaire de l'arrangement alphabétique. Cela est pratiqué dans le catalogue de *Vôpadêva* que M. Carey a traduit et fait imprimer à la fin de sa grammaire. M. Wilkins dans ses Radicaux de la langue sanscrite, extraits principalement du catalogue de *Kâçinâtha* et accompagnés de quelques notes, a suivi un ordre moins commode. Il faut l'avouer, rien n'est plus éloigné de ce que nous exigeons d'un bon dictionnaire que ces tables des racines, rédigées par les grammairiens indiens. La syllabe radicale est combinée avec des lettres indicatives, qui marquent les particularités de la conjugaison et de certaines formes dérivatives; le sens est exprimé par un ou plusieurs substantifs: et voilà tout. Que dirait-on d'un dictionnaire grec ou latin, où les verbes composés avec des prépositions fussent omis? Or le sanscrit, pouvant se passer des prepositions pour le régime des substantifs, les employe présque exclusivement et en grande abondance dans la composition avec les verbes et autres mots dérivés. Dans ces trois langues les prépositions ont une vertu merveilleuse pour modifier non seulement la signification d'un verbe simple, mais pour la retourner en sens contraire d'une manière que l'usage a fixée, mais que l'on ne saurait deviner; et c'est en quoi consiste une grande partie de leurs richesses. M. Colebrooke avait communiqué son travail sur les racines, imprimé seulement en partie dans sa grammaire, à M. Wilson qui, dans un petit nombre d'articles, a expliqué quelques combinaisons; mais il a laissé de côté beaucoup d'autres non moins importantes. M. *Rosen*, appelé depuis comme professeur à l'université de Londres, s'est attaché à compléter l'énumération des verbes composés, et à définir plus exactement leur sens, en citant des passages où ils sont employés. Son dictionnaire des racines sanscrites est un des livres élémentaires les plus utiles que nous ayons. Mais ses matériaux étaient peu abondans, et souvent il n'a pu consulter que des textes incorrects; dans une nouvelle édition ce jeune savant distingué trouvera beaucoup d'additions et quelques corrections à faire.

J'ai dit plus haut que, pour le premier essai d'un dictionnaire, aucun autre plan n'était praticable que celui qu'on a suivi: c'est-à-dire de chercher les mots là, où ils étaient déjà réunis en masse, dans les vocabulaires. Sans leur secours il eût fallu au moins ajourner indéfiniment l'exécution. On aurait pu parcourir des milliers de volumes, sans rencontrer dans le texte des auteurs les mots qui ne sont pas d'un usage général: puisque, selon le sujet et le style des livres, certaines expressions reviennent sans cesse, d'autres sont entièrement exclues. Ensuite on n'aurait peut-être pas eu des moyens suffisans pour en déterminer le sens d'après un petit nombre de passages. Désormais il faut fouiller dans les ouvrages classiques même, pour découvrir les trésors encore inconnus de la langue sanscrite: les textes, avec le secours des scoliastes, fourniront des supplémens plus volumineux qu'on ne l'imagine. Dès à présent on pourrait entreprendre de donner une édition corrigée et considérablement augmentée du dictionnaire de M. Wilson. Mais pour en rédiger un vraiment complet, et dont les articles eussent les mêmes développemens que dans le dictionnaire latin de *Forcellini,* la critique et l'art de l'interprétation ne me semblent pas encore avoir suffisamment préparé les voyes. D'ailleurs cela dépasserait les forces d'un seul homme, il faudrait le travail persévérant de plusieurs savans.

J'arrive à la seconde condition indispensable pour un traducteur, outre la connaissance de la langue : c'est qu'il doit être en possession de l'original. Comment ? me dira-t-on : n'avons nous pas entre les mains un manuscrit de l'ouvrage en question ? Oui, vous avez un manuscrit, très-probablement défiguré dans beaucoup d'endroits par la négligence et l'ignorance des copistes. Car il n'est rien de plus rare que des manuscrits corrects ; ceux qui ont été corrigés dans l'Inde même par des lecteurs savans, méritent le plus de confiance. Lorsque ces fautes altèrent le texte sans pécher directement contre la langue et le bon sens, vous ne les soupçonnerez pas seulement, à moins que vous ne soyez doué d'une rare sagacité, et consommé dans la connaissance de la syntaxe et de la versification. Il y a d'autres fautes plus palpables ; et comme on ne saurait traduire ce qui est inintelligible, vous serez forcé de faire des corrections conjecturales. Or cela est contraire aux règles de la saine critique : l'on ne doit recourir à ce remède extrême que lorsque tous les manuscrits qu'on aura pu confronter, ne fournissent point de leçon meilleure.

Ce n'est pas tout. Comment savez vous que le manuscrit tombé par hasard entre vos mains, contient l'ouvrage tel que l'auteur l'avait composé? Qu'il n'est pas mutilé dans quelques parties, interpolé dans d'autres? Comment savez-vous enfin que le tout est bien réellement le livre que vous vous proposez de traduire, et non pas l'œuvre d'un imposteur qui en aurait faussement affiché le titre?

Chez des nations où l'art de l'imprimerie est inconnu, où pendant une longue suite de siècles les exemplaires des livres ne sont multipliés que par des copies faites à la main, la littérature est toujours exposée à l'altération des anciens textes et aux fraudes littéraires. Si les chefs-d'œuvre de l'ancienne Grèce nous sont parvenus dans leur forme authentique, nous en sommes redevables aux philologues d'Alexandrie, dont les éditions soigneusement corrigées ont servi de modèles. Mais malgré leur canon classique, combien d'ouvrages apocryphes ont eu cours depuis, sous des noms supposés?

Dans les antiquités indiennes nous avons des exemples récens d'erreurs très-graves repandues par des impostures. Un employé français, revenant de Pondichéry, remit à *Voltaire* la traduction d'un livre sanscrit sous le titre du Yajour-Vêda. Voltaire la déposa à la bibliothèque du roi. Plus tard M. *de Sainte-Croix* la publia avec une longue introduction. Certes, personne n'accuse Voltaire d'avoir été trop crédule; M. de Sainte-Croix a fait preuve d'érudition et de jugement dans son examen de l'histoire d'Alexandre-le-Grand: néaumoins tous les deux y ont été attrapés. Ils n'ont pas mis en doute que l'ouvrage ne fût un livre canonique des Brahmanes, ils ont seulement différé sur la date plus ou moins ancienne qu'il fallait lui assigner. Maintenant il est constaté que c'est la production d'un missionnaire, probablement de *Roberto de' Nobili*, dont il faut admirer le talent pour faire des vers sanscrits. M. *Ellis* pense que l'auteur n'a voulu que réfuter la doctrine des Brahmanes en imitant le style de leurs anciens sages, et qu'il est innocent de la fraude, le titre de Yajour-Vêda ayant été ajouté postérieurement[*]).

Tout le monde sait comment le Colonel *Wilford* fut entraîné dans un vaste labyrinthe d'erreurs par des manuscrits falsifiés. Après qu'il eut découvert la mystification, il n'en publia pas moins ses Essais, et la Société Asiatique de Calcutta permit qu'ils parussent sous ses auspices: c'était, ce me semble, pousser la tolérance un peu trop loin. Il en est résulté que les défenseurs de systèmes chimériques sur l'antiquité continuent toujours de prendre leurs argumens dans cet arsénal de l'illusion.

Sir William Jones se montra trop crédule dans cette occasion comme dans plusieurs autres. Il ajouta foi aux forgeries du Pandit de Wilford,

---

[*]) *Asiatic Researches Vol. XIV. Account of a Discovery of modern imitation of the Védas, with Remarks on the genuine Works.* By Francis Ellis, *Esq.* — J'en ai rendu compte dans ma Bibl. Ind. Vol. II. p. 5o — 56.

comme on le voit par une note jointe à la dissertation de celui-ci, insérée dans le troisième
Volume des Recherches Asiatiques. Dans les mémoires sur la vie de Sir William (Ed. in 8. Vol.
II. p 249) Lord Teignmouth a cité cette note,
qui contient la traduction d'un prétendu fragment
du *Padma-Purána*, où l'histoire de Noé et de
ses fils est racontée sous des noms en apparence
sanscrits, forgés de manière à être pris pour un
déguisement des noms hébraïques. Sur une imposture aussi grossière Sir Wm. Jones bâtit ensuite
des châteaux de cartes. C'est un procédé inconcevable de la part de l'éditeur de ses œuvres, de
ne pas avoir averti ses lecteurs que tout ce beau
morceau est apocryphe, de l'aveu même, postérieurement publié, de Wilford. (Voyez As. Res.
Vol. VIII, Lond. ed. 8. p. 254.) Pour la gloire
de S. W. Jones il eût mieux valu supprimer cette
note. Mais on voudrait en vain cacher au public,
que ce savant, doué de si rares talents, manquait
totalement de critique historique. Il reçut sans
méfiance, il accueillit même avec enthousiasme
les traditions contenues dans le *Dabistán*, livre
persan moderne, écrit dans l'intention de reven-
diquer pour la Perse la prééminence sur l'Inde
à l'égard de l'antiquité des révélations religieuses.
Sur son autorité, la dynastie des Mahabadiens,
qui ne sont autre chose que les quatorze Manous,
passés et futurs, de la mythologie brahmanique,
s'est glissée dans l'histoire universelle de notre
Jean de Müller, historien éloquent mais trop peu
sceptique. Le *Desátír*, intimément lié au Dabi-

stân, est une forgerie encore plus raffinée: il est écrit dans une langue prétendue ancienne, mais fabriquée à plaisir*)

Il existe d'autres variations dans les manuscrits que l'on ne peut qualifier d'imposture, mais qu'il n'en est pas moins essentiel pour un traducteur de connaître. Qu'y a-t-il de plus célèbre dans l'Inde que le Râmâyana de Vâlmîki? On devait supposer, et l'on a supposé, que tous les manuscrits portant ce titre, contiennent le même ouvrage. Il n'en est rien. La rédaction de l'école bengalique et celle des commentateurs s'accordent en général dans la marche de la narration, mais elles diffèrent presque dans tous les détails, tellement qu'on ne trouve qu'un petit nombre de vers parfaitement identiques dans l'une et l'autre. J'ai constaté ce fait par la confrontation de douze manuscrits; dans la préface de mon édition j'ai discuté à fond les causes probables de cette discordance, et l'ancienneté relative de la tradition des deux écoles. Il existe en outre des manuscrits dont le texte n'est conforme ni à l'une

---

*) Comparez les articles de M. *Silvestre de Sacy* dans le Journal des Savans pour l'an 1821, et le traité sur l'authenticité du Desâtîr, par M. *Will. Erskine*, inséré dans le second Volume des Transactions de la Société littéraire de Bombay. Ces deux savans judicieux sont d'accord dans leurs résultats, sans que celui qui a écrit postérieurement, ait eu connaissance du travail de son prédécesseur. Je remarque en passant, que les mots sanscrits cités par M. Erskine, ne sont pas corrects, soit à l'égard de l'orthographe, soit de la signification.

ni à l'autre. Ces manuscrits offrent une infinité de variations, de déplacemens, d'omissions et d'additions. Au milieu de ce désaccord dans les détails, il y a un accord dans le fond qui atteste l'antiquité et l'authenticité du poème. On peut le comparer à un vieux chêne, dont toutes les branches, précisément à cause de sa vétusté, sont enlacées par des plantes parasites.

Le *Shâh - Nameh* est le monument le plus ancien et le plus remarquable de la littérature persanne. Des connaisseurs m'assurent que les manuscrits varient très-considérablement. Jusqu'à ce qu'on ait vérifié l'étendue et l'importance de ces variantes par la collation d'un grand nombre de manuscrits, et constitué le texte selon les règles de la critique*), une traduction serait une entreprise hasardée, inutile, et peut-être nuisible.

M. Colebrooke remarque avec raison que les commentaires, surtout ceux qui répètent le texte mot à mot, en interposant la glose, sont la meilleure garantie de l'authenticité des livres sanscrits. Je ne veux pas pousser le scepticisme trop

---

*) En écrivant ces lignes j'ignorais que ce travail est déjà fait en grande partie. Un jeune orientaliste allemand, M. *Mohl*, actuellement à Paris, se prépare depuis plusieurs années à publier une edition complète du Shâh - Nameh. Il m'a dit que les variantes sont presque innombrables, quoique tous les manuscrits qu'il a pu confronter, appartiennent à la rédaction du poème repandue chez les Mahométans. Il présume que les exemplaires des Parsis présentent des variations encore plus essentielles.

loin, en disant que le texte et le commentaire pourraient être falsifiés dans les passages correspondans, sans rompre l'accord entre l'un et l'autre. Mais pour employer les commentaires comme un contrôle de la correction des textes, il faut les confronter à chaque pas, et ce n'est pas chose facile. Car il en est des commentaires comme des grammaires originales: ils sont souvent fort abstrus. On en a imprimés quelques-uns à Calcutta, mais aucun savant européen ne s'est occupé du soin de les expliquer. De nouveaux commentaires sur des scoliastes déjà assez lourds, cela semble conduire à une prolixité intolérable. Aussi ce n'est pas ce que je demande. Il suffirait d'une introduction générale à leur méthode, où des échantillons de chaque genre fussent donnés et analysés en détail.

Les commentateurs citent souvent les leçons différentes qui existaient déjà de leur temps. Nous ne sommes nullement asservis à leur choix. En général, je ne voudrais pas leur accorder une autorité irréfragable. Ce qui a empêché les savans indiens, malgré leur sagacité prodigieuse, d'exercer l'art de la critique philologique avec la même perfection que l'ont fait les grecs d'Alexandrie, c'est leur foi trop implicite aux traditions reçues, à laquelle leur religion les a habitués. Tel commentateur eût peut-être craint de commettre une profanation, en corrigeant une leçon manifestement corrompue dans un livre sacré.

Je crois avoir démontré par tout ceci, que le traducteur d'un livre sanscrit, arabe ou persan, dont il n'existe point encore d'édition imprimée et corrigée avec le plus grand soin, est nécessairement poussé à se charger du travail que ferait un éditeur judicieux: à confronter les manuscrits, à compulser les commentaires, à faire enfin des corrections conjecturales. Pense-t-on qu'un philologue, capable de ce travail, consentira à se présenter dans l'humble attitude d'un interprète pour le commun des lecteurs?

Les seules littératures asiatiques, auxquelles ces observations ne s'appliquent pas, sont celles des Chinois et des Japonais, parce que l'imprimerie anciennement inventée en Chine et transportée de là au Japon, y a été employée à conserver et à répandre les livres classiques. Des éditions soignées par des réunions de lettrés chinois, publiées même par ordre du gouvernement, ne laissent rien à désirer sous le rapport de l'authenticité. La critique n'a que faire aux textes de Confucius, de Laocius, de Mencius, mais en revanche l'art de interprétation trouvera de quoi s'exercer.

Aussi long-temps qu'il n'existe pas de bonne édition imprimée d'un ouvrage, le traducteur travaille, pour ainsi dire, dans les ténèbres. Il peut faire des fautes tout à son aise, il est à peu près sûr de ne les pas voir relevées. Le seul moyen d'examiner une traduction, est de la comparer avec l'original. Il n'y a de dépôts considérables de manuscrits orientaux que dans quelques capitales et universités. Les juges compétens qui séjournent ailleurs, à moins qu'ils ne fassent des voyages exprès, ne sont point à portée de fouiller dans ces dépôts. Je ne les blâmerais pas non plus, s'ils pensaient qu'ils peuvent mieux employer leur temps qu'à corriger des thèmes mal faits.

Mais le Comité des traductions orientales a l'intention de rémédier en partie à cet inconvénient. On lit dans le dixième paragraphe du Prospectus: „Ces traductions seront quelquefois „accompagnées des textes originaux et des éclair-„cissemens qui seront jugés nécessaires. En pu-„bliant *occasionnellement* le texte original, on se „propose de multiplier les exemplaires d'ouvrages „rares, et de procurer aux étudians à un prix „modéré des exemplaires corrects d'ouvrages asia-„tiques, auxquels autrement ils n'auraient pas „accès."

Voilà un renversement de l'ordre naturel et de toutes les idées reçues. Les hellénistes ont toujours considéré les versions latines, dont ils avaient coûtume d'accompagner leurs éditions des auteurs grecs, comme un accessoire très-subordonné au soin de constituer le texte: ici la traduction est le principal, et le texte l'accessoire. C'est mettre la charrue devant les bœufs. Pense-t-on que des éditions correctes puissent se faire d'elles-mêmes, sans éditeur? Qu'il suffise de livrer le manuscrit le premier venu aux imprimeurs et à un prote ordinaire? Et cela, quand il s'agit d'ouvrages anciens, écrits dans les langues les plus difficiles, si imparfaitement connues aux Européens!

Il serait superflu de prouver longuement que

la publication de textes originaux a infiniment
plus besoin d'encouragemens publics et de secours
pécuniaires que les traductions. Dans les entreprises du premier genre le travail est plus pénible,
les frais de l'impression sont beaucoup plus considérables, à cause des difficultés typographiques;
le débit est nécessairement très-limité, l'éditeur
ne devant compter que sur les connaisseurs et
les bibliothèques publiques. Le traducteur au
contraire, pour peu que l'ouvrage qu'il communique soit curieux, peut espérer d'attirer des lecteurs, qui désirent s'instruire sans se donner de
la peine, et qui, à cette condition, n'y regardent
pas de si près, si l'instruction ainsi acquise est
bien solide.

La nécessité des encouragemens fut sentie dès
le commencement de ce siècle par l'administration de l'empire britannique dans l'Inde. Les
textes sanscrits, arabes, persans, les livres écrits
dans les idiomes populaires de l'Inde, aussi bien
que les ouvrages élémentaires, en général presque
tout ce qui a été imprimé en fait de littérature
orientale à Calcutta et à Serampore, fut entrepris d'après l'invitation et moyennant les secours
pécuniaires du gouvernement; presque tout fut
destiné en premier lieu à l'instruction de la jeunesse anglaise. Le Marquis de *Wellesley*, par la
fondation du collége de Fort William, laquelle
éprouva d'abord tant d'opposition de la part des
Directeurs de la Compagnie, et fut plus tard imi-
tée par eux, a puissamment contribué à élargir
la sphère des connaissances européennes, et cela

seul suffirait pour éterniser la mémoire de son administration, glorieuse à tant d'autres titres. Il est vrai qu'un concours de circonstances extra-ordinaires favorisait sa grande et belle entreprise. L'illustre *Warren Hastings* avait donné la première impulsion; c'est sous ses auspices que les vétérans de la philologie indienne, MM. *Halhed* et *Wilkins* ont entrepris leurs premiers travaux. Le zèle éclairé et philantropique de *Sir William Jones* se communiqua à d'autres, la fondation de la Société Asiatique excita une noble émulation, et l'on vit des hommes placés dans les plus hautes stations de l'ordre administratif et judiciaire, condescendre à devenir les disciples des Brahmanes.

Cette glorieuse époque est-elle passée? Je ne sais; mais je crains bien que la première ardeur ne se soit un peu refroidie chez vos compatriotes.

Quoiqu'il en soit, les textes sanscrits qui ont trouvé un éditeur anglais, sont en très petit nombre. L'*Amara-Cosha* de M. *Colebrooke*, le *Hitópadésa* de M. *Carey*, suivi des Centuries de *Bhartri-Hari*; et les deux premiers livres du *Rámáyana*, de M. *Carey* et *Marshman*, ont été publiés à Serampore; le *Nuage messager* de M. *Wilson*, et un traité de jurisprudence sur les héritages, accompagné d'une traduction par M. *Wynch*, à Calcutta; enfin à Londres le *Hitopadésa* sans nom d'éditeur, et l'édition de la loi de *Manou* par M. *Haughton*: voilà tout ce qui est venu à ma connaissance.

Il existe en effet outre cela plusieurs volumes sanscrits imprimés à Calcutta, mais ils constituent une autre classe. Ce ne sont pas des éditions, comme je l'ai dit plus haut, ce sont des manuscrits multipliés. Aucun Européen n'a mis la main à l'œuvre : le soin en a été abandonné aux Pandits et aux ouvriers du pays. D'abord ces livres sont défigurés, comme presque tout ce qui est sorti des presses de Calcutta, par tous les défauts imaginables en fait de typographie : du papier gris, de l'encre pâle, des lettres mal gravées, mal fondues, mal agencées ; les traits au-dessus et au-dessous de la ligne qui expriment les voyelles, déplacés ou entièrement effacés. Les livres imprimés en petits caractères et en lettres bengaliques sont à peu près illisibles. L'usage en est fort incommode, parce qu'ils sont dépourvus de ces arrangemens matériels qui aident le lecteur à s'orienter, et facilitent le coup d'œil de l'ensemble. Ensuite ils sont en général extrêmement incorrects. L'errata de la grammaire de Pânini, par exemple, occupe quarante deux pages ; il s'en faut qu'il soit complet : et cela dans un livre où l'exactitude dans chaque lettre est essentielle ! Encore est-ce un acte de probité de corriger les fautes d'impression à la fin du volume ; souvent cela a été négligé. Toutefois dans la disette actuelle de livres sanscrits, au défaut de véritables éditions, ces impressions de Calcutta ont une utilité temporaire, parce qu'il est plus facile de se les procurer en Europe que d'acquérir des manuscrits. La plupart ont été exécutées par ordre de M. Colebrooke*). Nous avons des grammaires, des vocabulaires, plusieurs traités de jurisprudence, et des poèmes, principalement du nombre de ceux auxquels, à cause de leur excellence réputée, les lettrés modernes de l'Inde ont donné de titre des six grands poèmes. La dernière partie de ce choix n'est peut-être pas la plus heureuse. Je doute que les lecteurs européens partagent l'admiration des Pandits, qui porte sur l'artifice de la diction et de la versification. Ce sont souvent des raffinemens, des tours de force poétiques, sous lesquels se cache une grande stérilité d'invention. Tous ces poèmes ont besoin de commentaires pour les lecteurs nationaux même, et c'est déjà un mauvais signe. Je préfère décidément l'ancienne poésie sentencieuse et epique. Sous le point de vue philosophique elle est infiniment plus intéressante. Le Râmâyana et le Mahâ-Bhârata sont des monumens d'une antiquité vénérable. Mais abstraction faite de la valeur que

---

*) Depuis le retour en Europe de ce savant, pendant plusieurs années, aucun texte sanscrit n'était sorti des presses de Calcutta: mais elles ont repris leur activité par les soins du Comité de l'instruction publique. Ce Comité m'a fait l'honneur de m'adresser un envoi de livres sanscrits et persans, imprimés depuis 1827, sous ses auspices. Ces publications servent toujours à augmenter notre mobilier philologique; la typographie aussi est un peu mieux soignée. Au reste il ne faut pas s'attendre à ce que les Pandits fassent jamais des éditions qui puissent satisfaire les savans européens.

cela leur donne, j'y trouve des choses sublimes,
d'autres pleines de charme et de grace, une fécondité inépuisable de l'imagination, l'attrait du
merveilleux, de nobles caractères, des situations
passionnées, et je ne sais quelle candeur sainte
et ingénue dans les mœurs qui y sont peintes.
Le style en est simple, quelquefois négligé et dif-
fus. Je pense que ce dernier défaut doit en
grande partie être attribué à la tradition orale,
aux rhapsodes et aux interpolateurs. Entre ces
deux siècles de la poésie indienne si fortement
contrastés, il y a un genre intermédiaire: se sont
les compositions théâtrales. Jusqu'ici le seul drame
de Sacontalâ a été publié dans l'original *), quoique

---

*) *La réconnaissance de* Sacountalâ, dramc sanscrit et
pracrit de Câlidâsa, publié pour la première fois, en
original etc. par A. L. Chézy. Paris 1830. 4. — Le
célèbre éditeur a joint à cette belle impression, exécutée avec un grand luxe typographique, des notes dic-
tées par le bon goût et remplies d'un sentiment exquis
des beautés poétiques, ainsi qu'une traduction élégante, que je n'ai pas encore eu le loisir de comparer
en détail avec celle de Sir W. Jones. Il est à regretter seulement qu'il n'ait eu qu'un seul manuscrit
à sa disposition. En faisant imprimer à la suite du
drame l'épisode du Mahâ-Bharata où le même sujet
est traité, M. de Chézy a mis les lecteurs en état d'admirer l'art de Kâlidâsa, et la fécondité d'invention
avec laquelle il a su tirer d'une histoire touchante,
mais fort simple, tous les incidens variés de son drame,
et la peinture fine et ingénieuse de tant de divers caractères. — Dernièrement trois autre drames, *Mrich-
chhakati*, *Vicramôrvasi* et *Mâlati-Mâdhava* ont été

les traductions ayent excité une vive curiosité.
On a également laissé de côté les livres de métaphysique, d'astronomie, de mathématique et de
médecine.

Il y a plus de vingt ans que M. Wilkins,
réunissant les talents d'un artiste au savoir d'un
érudit, a gravé lui même des caractères Dêvanâ-
garis d'une élégance remarquable. Il ne se laissa
pas décourager par un incendie qui détruisit une
partie de son travail. C'est à son zèle et à sa
persévérance que l'Angleterre doit la possession
d'une imprimerie indienne. Depuis ce temps-là,
deux volumes de textes sanscrits ont été publiés
à Londres, le Hitôpadêsa et la loi de Manou. Il
y a un troisième, le *Nalus* de M. *Bopp*, mais il
ne compte pas, puisque c'est l'entreprise d'un
étranger. Vous voyez que, si les choses continuent à marcher dans cette proportion, un amateur de la littérature indienne peut se flatter de
réunir dans sa bibliothèque en cent ans d'ici
douze volumes sanscrits, publiés par vos compatriotes résidant en Angleterre.

Les livres, que je viens de nommer, furent
destinés spécialement au collége de Hayleybury.
L'édition de la loi de Manou donnée par M. Haughton, est excellente. Le texte est d'une rare correction, et les soins que cela exige, ne peuvent

---

imprimés à Calcutta. Les deux derniers n'étaient pas
encore arrivés à Londres au mois de Mars 1832,
quoiqu'ils se trouvassent déjà plusieurs mois auparavant chez un libraire à Paris.

être appréciés que par ceux qui en ont fait l'expérience. Dans les notes plusieurs variantes sont judicieusement discutées. Je regrette seulement que M. Haughton n'ait pas séparé les mots, autant que le permettent les règles de la jonction des lettres. Cette continuité fatigue la vue, et pour l'écolier augmente la difficulté*). Toutefois M. Haughton, en écrivant les mots sans intervalle, était en son bon droit, puisque c'est l'usage des manuscrits. Mais la conversion du point qui indique la nasale mobile (*anusvâra*) en la lettre analogue à la consonne suivante, déguise plus que toute autre chose la fin des mots; elle n'est propre qu'à l'écriture bengalique, d'où Babou-Râma l'a fort mal à propos transportée dans les caractères Dévanâgaris.

L'édition du Hitôpadêsa, donnée par M. Carey, est remplie de fautes. L'éditeur anonyme de celle de Londres en a corrigé quelques-unes, mais il a introduit une foule de nouvelles fautes. C'est vraiment l'étable d'Augias. L'on ne pourra pas mettre cela sur le compte des imprimeurs. J'ai entre les mains une analyse grammaticale des douze premières pages du Hitôpadêsa, imprimée à l'usage des étudians de Hayleybury: l'éditeur s'y efforce vainement d'expliquer des leçons vicieuses, et il décèle par là son ignorance.

---

*) Ces inconvéniens sont évités dans une réimpression correcte et élégante de cet ouvrage important, que nous devons aux soins d'un jeune savant français, M. *Loiseleur Deslongchamps*.

Rien n'est plus essentiel pour l'instruction élémentaire dans une langue savante, que d'avoir des textes corrects. Dans le cas contraire, de deux suites fâcheuses il en arrivera l'une: ou les écoliers se tracasseront inutilement la tête, ou ils perdront le tact de l'exactitude grammaticale, sans laquelle il est impossible de faire le moindre progrès.

Conjointement avec mon savant collaborateur, le Dr. *Lassen*, j'ai entrepris de donner une édition correcte du Hitôpadêsa. Je me suis mis en devoir de faire hommage d'un exemplaire à l'honorable Cour des Directeurs de l'honorable Compagnie des Indes Orientales, et j'ai pris la liberté de leur adresser quelques observations sur l'étude du sanscrit. Dans leur réponse*) Messieurs les Directeurs, avec des ménagemens pleins d'urbanité, me donnent à entendre que j'ai fait là un travail bien superflu. Ils m'informent, qu'ayant jugé eux-mêmes le Hitôpadêsa un bon livre d'école, ils ont eu soin d'en faire imprimer une édition, dont il existe encore un grand nombre d'exemplaires. — Hélas oui! je le savais, et je plains fort les étudians réduits à apprendre une des langues les plus difficiles avec des moyens aussi peu appropriés au but. L'honorable Cour des Directeurs est un corps administratif; l'érudition et la philologie ne sont pas leur affaire. Néanmoins je me garderai bien de soupçonner qu'ils n'ayent

---

*) Voyez l'Appendice sous la lettre C.

pas une idée bien claire de la différence qu'il y a entre une bonne édition et une mauvaise du même livre. Mais le moyen d'admettre qu'une édition entreprise par un simple particulier, par un étranger, soit meilleure que celle qui a paru sous les auspices et par ordre d'une autorité constituée!

Ils se pourrait que les deux éditions du Râmâyana et les trois du Hitôpadêsa faites à Serampore, à Londres et à Bonn, quoique très-dissemblables, fussent mauvaises les unes et les autres; mais il n'est guère possible qu'elles soyent également bonnes. Le nouvel éditeur d'un texte, publié déjà une ou plusieurs fois, déclare par le fait qu'il à trouvé le travail de ses prédécesseurs imparfait: pourquoi donc ne le dirait-il pas explicitement? J'en ai parlé dans les préfaces sans détour, et de manière à provoquer un examen sévère de mon propre travail. Mais je ne me flatte pas d'obtenir en Angleterre l'honneur d'un tel examen, puisque dans vos journaux littéraires on n'accorde point de place à la philologie orientale.

Si ce que j'ai avancé sur le Hitôpadêsa de Londres, est fondé, il en résulterait que le collége de Hayleybury, pendant l'espace de plus de vingt ans qu'il existe, n'a pas encore été suffisamment pourvu de bons livres d'école pour l'enseignement du sanscrit. La loi de Manou est beaucoup trop difficile pour les premiers rudimens; les écoliers doivent avoir fait des progrès considérables pour la comprendre. Le Hitôpadêsa dans sa totalité n'est pas non plus aussi facile qu'on se l'est imaginé; il y a des sentences tirées des drames, de Bhartri - Hari et d'autres poètes comparativement modernes, dont le style raffiné et énigmatique est fort loin de l'antique simplicité. Mais c'est précisément la variété des styles qui recommande ce livre. D'après mon expérience rien n'est mieux adapté aux premiers exercices des écoliers, que l'ancienne poésie épique, le Râmâyana et le Mahâ - Bhârata. Il serait bon aussi d'avoir une Chrestomathie pour la première instruction, un recueil de morceaux choisis, arrangés selon les différens dégrés de difficulté, et accompagnés d'une analyse détaillée. Un tel livre serait d'un grand secours pour les écoliers et, en cas de besoin, pour les instituteurs.

Peut-être ne considère-t-on la connaissance du sanscrit que comme un article de luxe dans l'instruction des jeunes Anglais qui se vouent à une carrière dans l'Inde. On aurait tort. Celui qui a solidement appris le sanscrit, arrivé dans le pays, acquerra avec facilité tel idiome populaire qu'il voudra; puisque ces idiomes (au moins les plus importans, et ceux qui sont parlés dans tout le nord de l'Inde) ne sont que du sanscrit désorganisé, c'est-à-dire dépouillé de ses inflexions. Par exemple, dans le glossaire bengalique de M. Haughton, sur douze cents mots, plus de mille sont du sanscrit pur, une centaine du sanscrit altéré; il ne reste donc qu'un alliage peu considérable de mots empruntés au persan, à l'arabe et à plusieurs autres langues. Le dialecte hindostanique, à ce que je crois, s'est éloigné davantage de son origine. Celui qui ignore le sanscrit, devra fatiguer sa mémoire en apprenant tous ces mots un à un, au lieu que la grammaire sanscrite fait connaître systématiquement leur formation et leur dépendance mutuelle.

Revenons aux traductions. Je vais passer en revue quelques-unes, pour examiner jusqu'à quel point elles nous ont avancé dans la connaissance des antiquités et des littératures asiatiques.

On pourrait faire une histoire assez plaisante des traductions, en recueillant les bévues les plus frappantes qui ont été faites dans ce genre. Les traductions entreprises par des hommes très-mal préparés pour ce travail, formeraient un autre chapitre de cette histoire.

Anquetil Duperron entreprit de traduire les livres sacrés des Parsis, sans savoir les langues Zende et Pehlvie. Il y a apparence que le *Destour* qui lui dicta sa traduction, les ignorait de même, qu'il savait seulement par tradition que le texte devait signifier telle ou telle chose. Depuis la publication du *Zend-Avesta* d'Anquetil, on s'est disputé à perte de vue sur l'authenticité et l'antiquité de ces prétendus livres de Zoroastre. On aurait pu s'épargner cette peine: ceux qui affirmaient, Anquetil à leur tête, et ceux qui niaient, marchaient également dans les ténèbres*). Je serais disposé à me ranger du côté

---

*) J'excepte volontiers la dissertation de M. *Will. Erskine*, sur les livres sacrés et la religion des Parsis, insérée dans le second volume des Transactions de la

des sceptiques ; mais il est plus prudent de suspendre son jugement : d'autant plus que le travail entrepris par M. *Eugène Burnouf* fait espérer qu'on y verra bientôt un peu plus clair. M. Burnouf, avantageusement connu par son essai sur la paléographie du *Pali*, fait lithographier en entier le magnifique manuscrit du *Vendidad*, apporté par Anquetil ; il se propose de procéder ensuite méthodiquement au déchiffrement, à l'analyse grammaticale et à l'interprétation. Une traduction en sanscrit, qui doit avoir été faite il y a plus de trois siècles, déposée aussi par Anquetil à la bibliothèque du Roi, sera sans doute d'un grand secours. Cette traduction est attribuée à un prêtre Parsi, appelé *Nariosengh*. Le nom (*Nara-Sinha*) semble indiquer un Hindou professant le culte brahmanique ; mais d'après les échantillons donnés par M. Burnouf, la traduction est écrite dans un sanscrit si peu classique, qu'on accordera volontiers au traducteur sa qualité d'étranger. Toutefois c'est une recherche fort épineuse. Il est difficile de se former une idée parfaitement juste d'une langue dont il ne reste qu'un seul livre. Ce sont cependant les formes et la structure du *Zend* qui doivent fixer notre opinion sur le Zend-Avesta. Est-ce l'œuvre de Zoroastre même, qui nous aurait été transmise

---

Société de Bombay. C'est la discussion du sujet la plus lumineuse que je connaisse ; sans avoir approfondi la langue des originaux on ne peut guère aller plus loin.

sans altération au travers des siècles? Ou les écrits de ce législateur ont-ils été restaurés et refondus à l'époque des Sassanides? Cela ne manque pas de probabilité, puisque sous l'empire des Parthes le culte ancien semble avoir été oblitéré, ou du moins négligé par les dominateurs. L'autel avec le feu sacré ne reparaît que sur les médailles des Sassanides. Lorsque les adorateurs du feu se refugièrent dans le Guzerate devant la persécution fanatique des Mahométans, ont-ils pu emporter leurs livres sacrés? Ou leurs prêtres les ont-ils refaits de mémoire, peut-être à une époque où ils avaient déjà quelques notions de la métaphysique indienne? — Les manuscrits du Zend-Avesta, trouvés en Perse, à eux seuls, ne sont pas une preuve décisive du contraire: il se pourrait que les Guèbres du Guzerate les eussent apportés à leurs anciens compatriotes. À quel pays et à quelle époque appartient le Zend? Aucune langue ancienne a-t-elle jamais porté ce nom? Ou n'est-il qu'une corruption du mot sanscrit *chhandas*, l'un des noms les plus usités des Vêdas?

La solution de ces problèmes n'intéresse pas seulement l'histoire des religions, elle est fort importante pour l'analyse comparée des langues. Dans le Persan moderne, quoique ce soit une langue très-contractée et à traits effacés, l'analogie avec le sanscrit dans les racines et dans les restes d'inflexion ne saurait se méconnaître. Le peu que nous savons, par les noms propres et quelques autres indications, du langage des Mèdes et des Perses sous la dynastie des Achéménides, porte à croire, qu'il était alors très-rapproché du sanscrit. D'ailleurs Hérodote atteste que cette nation se donnait à elle-même un nom, que nous retrouvons dans les livres sanscrits comme le nom propre ou, si l'on veut, comme le titre d'honneur des Hindous*). D'après ces données, le Zend de-

---

*) HERODOT. VI, 62. ,,Les Mèdes furent appelés jadis par ,,tout le monde *Arii* (Ἄριοι)." En sanscrit *árya* signifie *honestus*, *nobilis*. L'Inde proprement dite est nommée *Arya-âvarta*, c'est-à-dire le pays des Aryas. — Selon la définition de MANOU (Chap. II., verset 22.) Arya-âvarta est la contrée située entre les monts Vindhya et les montagnes neigées (Himavat) depuis l'océan oriental jusqu'à l'océan occidental. Comparez l'AMARA-COSHA. L. II, C. I, sl. 8. De même que les anciens Grecs divisaient le genre humain en Hellènes et Barbares, les Indiens opposent aux Aryas, c'est-à-dire à leur propre nation, les Mlêchhas. Dans une inscription sanscrite, gravée sur l'aiguille de Firuz-Shah et datée de l'an 1220 de l'ère de Vicramâditya, un roi de l'Inde est loué pour avoir extirpé les Barbares, et fait en sorte qu'*Arya-âvarta* mérita de nouveau son nom. As. RES. Vol. VII, p. 175. — Hérodote remarque aussi que tous les noms Persans se terminent en *s*. J'ai démontré ailleurs (Bibl. Ind. Vol. II, p. 3o8 — 313.) que cela ne peut s'appliquer qu'au nominatif masculin, et que c'est une conformité frappante de l'ancienne langue des Perses avec la grammaire du sanscrit, du grec, du latin et du gothique. Je me propose de faire voir par une analyse des noms persans de cette époque, que non seulement leurs élémens se retrouvent souvent dans le sanscrit, mais que la composition aussi est conforme aux règles de la grammaire sanscrite.

vrait occuper la place intermédiaire entre la langue de Darius Hystaspe et le Persan de Firdousi. La recherche en devient d'autant plus délicate: il faudra discerner les rassemblances du zend et du sanscrit qui pourraient être factices et d'emprunt, d'avec les conformités héréditaires.

Dans un âge avancé, Anquetil publia son *Oupnek'hat*. L'histoire de cette traduction est curieuse. Elle nous vient d'un prince de la dynastie mogole, Dara Shukoh, le fils aîné et l'héritier présomptif du Sultan Shâh Jehân. Son noble caractère et sa fin tragique sont connus: il fut assassiné par son frère Aurengzebe. Dara, poussé par un ardent désir de connaître ce que les livres sacrés de divers peuples ont enseigné sur l'Etre suprême, se fit expliquer la loi de Moyse, les psaumes et l'évangile; mais il ne fut pas encore satisfait. Ayant eu connaissance des Vêdas, il rassembla les savans et les ascètes de Benarès pour les expliquer; il laissa de côté le rituel et les cérémonies, et fit mettre en persan les *Upanishads* ou méditations théologiques. Les traducteurs n'ont pas su se débarrasser de leurs idées mahométanes: ils disent que Brahma, Vishnou et Siva répondent exactement aux anges Gabriel, Michel et Rafaël. (Oupn. T. I, p. 10; et T. II, p. 208.) En général, ils paraissent avoir eu peu de pénétration, mais ils ont travaillé en conscience. Désespérant de pouvoir exprimer dans leur langue les termes sanscrits de métaphysique, ils les ont laissé subsister, horriblement défigurés par l'écriture et la prononciation persanne. Anquetil a poussé le scrupule plus loin: il a conservé en outre un grand nombre de mots persans et arabes, enfin il les a entremêlés d'un latin de sa façon, auquel Cicéron n'aurait rien compris. Tout cela forme un triple galimathias. Ce serait, je pense, un moyen infaillible de devenir fou, si quelqu'un s'obstinait à vouloir comprendre ces deux gros volumes. Les seuls intervalles lucides que j'y trouve, ce sont les passages où je crois deviner les expressions de l'original. *)

---

*) L'ouvrage d'Anquetil étant très-peu connu, on pourrait croire ma description exagérée, si je ne donnais pas quelques échantillons. Voici le connencement de la préface du traducteur persan.

OUM

Vox pes (fundamentum) est, sicut secretum antiquum,
  Τοῦ In nomine Dei miseratoris, misericordis.

„Laus *dzati (enti)* quod, vox pes τοῦ *bismillah (in*
„*nomine Dei)* in omnibus libris *samavi (coelestibus),*
„e secretis antiquis eius est; et *alham am alketab (inspi-*
„*ratio primae souratae)* quod in *Koran madjid (glo-*
„*rioso),* designatio *(illius)* cum *esm (nomine)* supremo
„eius est, et cuncti *malaïek* (legati Dei, *angeli),* et
„libri *samavi* ex *anbia ve aolia (a prophetis et amicis*
„*Dei emissi),* et omne *(id omne)* comprehensum in
„hoc *esm (nomine)* est."

Je crois entrevoir à travers ce brouillard que le traducteur persan a dit une chose fort simple. Comme les Mahométans mettent en tête de tous leurs livres religieux les mots: Au nom de Dieu, de même les Hindous commencent par le monosyllabe mystérieux OM, qui signifie également l'être suprême, et qu'ils envisagent comme un sujet inépuisable de méditations.

Voilà où le manque de critique et de méthode, et une trop grande présomption, ont conduit un homme qui assurément ne manquait ni
de capacité ni de persévérance. Dans sa jeunesse
Anquetil, animé d'une noble ardeur, passa aux
Indes malgré tous les obstacles: il se fit soldat
pour aller chercher les révélations d'un ancien
prophète. Vers la fin de sa vie, indigné des
alternatives d'anarchie et de tyrannie qu'il voyait
autour de lui, dédaignant de flatter le pouvoir

On trouve T. II, p. 206. l'analyse de ce même mot:
„Athria ut *Oum* dixit, dixit: quod; ab omni
„primum (*prius*), ipsum hoc nomen productum faciens
„(*creator*) dixit: et *maschghouli*, ipsum hoc nomen
„est: cum ipso hoc nomine (*ipsi huic nomini, de illo
„meditans*) τὸν *maschghouli* oportet facere. — — Hoc
„nomen quatuor pedes quod habet, pes primus eius,
„*matraï* primum; id est litera, quod *akar* sit: et in
„τῷ *akar*, totus hic mundus *nasout* (*humanitatis, terrae*),
„et (liber) *Rak Beid*, cum omnibus *aiât* (hoc) com-
„prehensum est: et *Brahma*, et *Veschn, deiouta*, οἱ
„*mokel* huius *akar* sunt: et illud *akar*, *a* est; quod,
„*alef* cum *fateh* (*apertum*) sit: et mensura eius *Kaïtri*
„nomen habet: et ignis primus, quod ipse hic ignis
„apparens sit, in eo est." — Ceux qui ont lu Manou
s'apercevront facilement que c'est une explication sym-
bolique du premier élément de ce mot sacré, des trois
dont il se compose (a, u, m) lesquels ensemble ne
forment qu'un son indivisible.

Sans aucun doute la traduction d'Anquetil est
plus obscure que celle de l'interprète persan, et celle-
ci doit l'être plus que l'original. S'il survenait un troisième traducteur, qui embrouillât de nouveau le livre
d'Anquetil, où conduirait cette progression?

pour obtenir des récompenses bien méritées, vieux, pauvre et isolé, il supporta toutes les privations, sans se laisser détourner de ses travaux savans; il trouva son unique consolation dans les idées religieuses. Enfin c'était un véritable *Sannyâsí*, à cela près qu'une seule passion avait survécu à sa résignation universelle: je veux dire sa haine contre les Anglais. À la fin d'un livre rempli de spéculations abstruses, arrive un petit projet tendant à chasser vos compatriotes des Indes. (T. I, p. 725-727.) Anquetil prétend que ce serait chose très - facile: ainsi tenez vous pour avertis. Je crois que S. W. Jones, par sa lettre adressée à l'éditeur du Zend - Avesta, a été la cause de cette hostilité. En effet, il y a de quoi allumer une haine de trente ans de durée. Cette lettre, spirituellement écrite dans le genre de Voltaire, est d'une pétulance extrême: les sarcasmes sont dirigés autant contre Zoroastre que contre Anquetil. À cet égard S. W. Jones s'est retracté par le fait: il a compris dans son âge mûr que les antiques législations religieuses, les différens cultes, les superstitions même, méritent l'attention d'un philosophe; et il a donné tous les soins imaginables à sa traduction de la loi de Manou.

C'est une de celles que nous pouvons maintenant comparer avec le texte, et cette épreuve en fait ressortir le mérite. Elle est en général d'une grande fidélité; elle tombe quelquefois dans la paraphrase: mais c'était presque inévitable, vu la briéveté des sentences mesurées de l'original. Le coloris du style est surtout admirable: il respire en même temps la majesté législative, et je ne sais quelle simplicité sainte et patriarcale. Nous sommes transportés, comme par enchantement, dans les siècles, les mœurs, et la sphère d'idées, qui ont concouru à mettre en vigueur ces lois religieuses et sociales, lesquelles à leur tour ont dominé une grande nation pendant des milliers d'années.

Ce fut le dernier travail de Sir William Jones: peu de temps après qu'il eut paru, ses vertus et ses talents furent enlevés par une mort prématurée à sa patrie, à l'Inde, et l'on peut dire, à l'humanité. Il avait alors séjourné à Calcutta pendant dix ans, et il avait constamment étudié le sanscrit. J'ai vu, non sans attendrissement, par les notes marginales de sa main dans plusieurs manuscrits qui lui ont appartenu, qu'à l'époque où il jeta ces notes sur le papier, il avait encore à lutter contre beaucoup de difficultés. En entreprenant de faire connaître à l'Europe l'antique législateur de l'Inde, il ne négligea aucune des précautions de la critique. Il avait confronté plusieurs manuscrits et consulté les commentateurs; il fut assisté par un savant brahmane, qui fit la condition expresse de ne pas être nommé, de peur de se compromettre auprès des membres intolérans de son ordre. C'est probablement à ces études communes que se rapporte une anecdote debitée par le missionnaire Baptiste *Ward:* „Sir William Jones, *dit-on,* pour complaire à son „Pandit, avait la coutume d'étudier les Sâstres avec „l'image d'une divinité indienne placée sur sa

„table;" d'où feu M. Ward conclut charitablement que cet homme si respectable avait fait de grands pas vers le paganisme. On regrette de ne pas trouver dans la biographie rédigée par Lord Teignmouth plus de détails sur les études de Sir W. Jones. Autant que je puis voir, il a eu successivement trois maîtres de langue sanscrite. Il nomme lui-même *Râmalôchana* dans la préface de Sacontalâ. Le colonel Polier dit que *Râmachandra*, un Cshatriya natif de Lahore, professant la religion des Sikhs, le même qui lui donna des leçons de mythologie et de théologie brahmanique; avait été précédement l'instituteur de son savant ami *). Puisque le colonel Polier était revenu en Europe dès 1789, Râmachandra aura été le premier maître, Râmalôchana le second, et le troisième est resté anonyme.

Sir William avait donné en premier lieu sa traduction de *Sacontalâ* qui n'est en général qu'une imitation très-libre. Il en est de même du *Gîta-Gôvinda*, dont l'original a paru plus tard à Calcutta. Il eût été en effet impossible d'exprimer littéralement tous ces raffinemens d'une diction trop richement ornée, sans parler encore de l'ar-

---

*) Sir W. Jones dans son traité sur l'antiquité du Zodiaque indien parle de ses entretiens avec *Râmachandra*, alors agé de quatre-vingts ans; mais il ne dit pas expressément que ce savant lui ait enseigné le sanscrit. Le traité en question ne porte pas de date, il doit avoir été écrit entre 1787 — 90, puisqu'il se trouve dans le Vol. II. des Recherches Asiatiques.

tifice de la versification, des rimes, des consonances et des allittérations continuelles dans l'intérieur des vers, dont le Gîta-Gôvinda est surchargé. La lecture de ces deux pièces en anglais est délicieuse: l'on ne demande pas davantage.

La traduction du Hitôpadêsa, insérée dans les œuvres de Sir William, est un ouvrage posthume. Je présume qu'il l'a faite dans les premiers temps, seulement pour s'exercer et sans l'intention de la publier; et je parierais bien que cette fois-ci ni Râmachandra ni Râmalôchana n'ont été consultés. Dans une lettre datée du 8. Septembre 1786, et insérée dans les Mémoires sur sa vie, que Lord Teignmouth a mis à la tête de ses œuvres *), Sir W. Jones dit qu'il s'occupe de la lecture du Hitôpadêsa. Il n'y avait alors qu'un an depuis qu'il eut commencé l'étude du sanscrit. Il s'y croyait pourtant déjà passablement affermi: eh bien! c'était une illusion. Sa traduction fourmille des contresens les plus étranges. En 1787 M. Wilkins, dès lors connu par sa belle traduction de la Bhagavad-Gîtâ, rédigée à Benarès dans le siège principal de l'érudition brahmanique, publia en Angleterre sa traduction du Hitôpadêsa. Ce livre charmant de fables et de sentences a vraiment joué de malheur: les éditions et les traductions lui sont devenues également funestes. M. Wilkins et S. W. Jones ont l'un et l'autre eu l'imprudence de ne con-

---

*) Vol. II. p. 99 de l'édition in 8.

sulter qu'un seul manuscrit; et ce manuscrit était fautif, incomplet, et dérangé dans plusieurs endroits. Mais dans les passages où les traducteurs ont suivi évidemment les mêmes leçons, ils ne sont guère plus d'accord. Quelquefois on peut corriger l'un par l'autre; souvent ils ont tous les deux manqué le sens de différentes manières. Je n'ai garde d'en faire un reproche à ces hommes célèbres: j'en conclus seulement que leur entreprise était prématurée, et qu'ils manquaient des secours nécessaires pour y réussir. Cependant il vaut la peine de constater le fait *), parce que c'est un avertissement salutaire pour les journaliers de la philologie orientale qui, avec une connaissance superficielle des langues, se croyent en état de traduire tout ce qui leur tombe sous la main. Pense - t - on qu'ils éviteront les écueils, où deux auteurs d'un talent si éminent ont échoué?

Dans la préface de mon Râmâyana, j'ai parlé de l'édition des deux premiers livres de ce poème héroïque, que MM. W. Carey et J. Marshman ont publiée à Serampore, et qu'ils ont accompagnée d'une traduction et de quelques notes. Il serait donc hors de prospos de revenir à la charge. Toutefois, si l'on m'accuse d'avoir traité mes devanciers avec trop de rigueur, je suis prêt à donner en détail la preuve de ce que j'ai avancé. Les éditeurs ne se doutent pas seulement de la critique philologique: ou dirait qu'ils n'ont jamais entendu prononcer le nom de cet art.

----

*) Voyez l'Appendice sous la lettre D.

M. Colebrooke a traduit deux traités d'algèbre, et deux de jurisprudence : ce sont des livres du genre le plus difficile. Un seul a été imprimé a Calcutta dans l'original. C'est la Mitâcsharâ, dont M. Colebrooke à tiré la section qui concerne les héritages. J'ai donc pu faire la comparaison. L'on ne saurait trop admirer la précision du traducteur, et son habileté à débrouiller la dialectique du jurisconsulte indien. Il est presque superflu de dire que les traductions de M. Colebrooke aussi bien, que ses extraits et ses dissertations sur l'histoire des sciences, méritent une confiance implicite. Mais les ouvrages en question confirment ma thèse. Je soutiens que la critique du texte doit précéder l'entreprise d'une traduction, et M. Colebrooke a rempli tous les devoirs de l'éditeur le plus érudit et le plus judicieux. Il a extrait les commentateurs ; il marque la différence de leurs opinions sur des passages obscurs ou ambigus ; il relève les variantes du texte ; aussi ses notes sont elles remplies d'expressions et de phrases sanscrites. Si M. Colebrooke avait jugé à propos de donner l'original en entier avec la traduction, il est clair, qu'il n'aurait eu aucun nouveau travail à faire, et nous en serions plus avancés.

Réunissant des qualités qui, prises séparément, sont déjà bien rares : un talent prodigieux pour les langues, et une grande profondeur dans les sciences exactes et positives, M. Colebrooke semble ne pas se douter des besoins de ceux de ses lecteurs qui ne sont pas doués d'autant de pénétra tion. En écartant les développemens superflus, il en omet quelquefois de très - nécessaires. On ne peut jamais se plaindre de sa prolixité, mais quelquefois de son silence. J'en ai fait l'observation à l'égard de l'Amara - Còsha; ses dissertations sur l'astronomie offrent d'autres exemples de ce laconisme*).

Traduire et expliquer n'est pas toujours la même chose. Il y a tel genre de livres, où une traduction littérale et, pour ainsi dire, interlinéaire deviendrait absolument inintelligible. Il faut donc s'écarter des mots pour se rapprocher du sens. Cela peut aller au point que l'écolier croira voir un abîme entre l'original et la traduction: c'est au commentateur à jeter un pont. Il faut analyser les mots et la construction des phrases, de manière que les lecteurs qui possèdent les élémens de la langue puissent se convaincre par eux mêmes, que le traducteur a rendu le vrai sens de l'original.

Ce genre de notes en effet n'est nécessaire que pour les étudians qui veulent se servir des traductions pour arriver à l'intelligence des originaux. Mais les lecteurs étrangers à l'étude des langues, auront aussi besoin de notes explicatives d'un autre genre, c'est-à-dire de celles qui se rapportent aux choses, sans quoi il leur sera impossible de bien comprendre le contenu des livres asiatiques. Les peuples de l'Asie, par mille raisons, ont un cercle d'idées, un horison intellectuel,

---

*) Voyez l'Appendice sous la lettre E.

bien différent des habitudes européennes. Leurs
auteurs parlent souvent de choses dont nous, du
moins nous autres qui n'avons pas été en Asie,
ne saurions nous faire une idée claire, faute d'expérience. Ce besoin de commentaires se fait sentir dans presque tous les livres sanscrits. La poésie
la plus populaire, celle des anciennes épopées,
contient pourtant une foule d'allusions à la mythologie, à des usages, à des cérémonies religieuses,
qui ne seront pas toujours présens à la mémoire
d'un lecteur même assez instruit. Leur méthode
de traiter les sciences, est fort abstraite, comme
je l'ai déjà remarqué. On dirait que leurs auteurs,
soit théologiens, metaphysiciens, jurisconsultes, mathématiciens, astronomes, grammairiens, ont voulu
faire exprès des livres difficiles; et je crois entrevoir le but de ce mystère dont il s'enveloppent.

Les Brahmanes ne connaissent pas l'hiérarchie,
devenue si dominante chez les Bouddhistes; ils
n'admettent point de dignités ecclésiastiques : le
savoir seul peut fonder une différence de rang
entre des hommes qui se croyent égaux par la
naissance. Leur religion et leur législation religieuse semblent avoir manqué de tout temps d'une
autorité centrale, toujours renouvelée et toujours
vivante, d'où toutes les décisions eussent pu éma-
ner, afin de maintenir une unité parfaite dans
la doctrine et dans le rituel. Il est vrai qu'ils
avaient une prétendue révélation écrite; mais ces
livres sacrés, dans leur antique et vénérable obscurité, admettaient bien d'interprétations différentes. L'auteur de la Bhagavad-Gîtâ l'indique

assez clairement, quoique d'une manière voilée, en disant que les Védas entre les mains d'un prêtre habile, ressemblent à un puits qui ne manque jamais d'eau pour tous les emplois imaginables. (*Leçon II, distique* 46.) Or les Brahmanes ne tenaient point de conciles, dont les canons eussent fixé dans toute l'étendue de leur église la seule interprétation légitime et orthodoxe. D'ailleurs il est manifeste que différens textes des Védas se contredisent. Les Védantistes qui partent de l'axiome que les livres inspirés doivent contenir la vraie philosophie, ont nié ces contradictions, comme de raison. Lorsque nous connaîtrons les Védas en entier, nous pourrons apprécier les tours de force qu'il leur a fallu employer pour arriver à un résultat arrêté d'avance. De tout cela il devait résulter une grande multiplicité de sectes: aussi l'Inde en fourmille. Le seul contrepoids contre le caprice et la versatilité des opinions humaines se trouve dans la discipline ecclésiastique concernant l'instruction. C'est là ce qui, au milieu de tant de variations, a maintenu une certaine unité fondamentale. L'étude de la théologie était la dernière initiation du jeune Brahmane, et la plus importante de toutes. L'enseignement fut considéré comme une adoption spirituelle. La loi de Manou inculque aux disciples le plus profond respect pour leurs précepteurs, et la piété filiale envers eux, comme un des devoirs les plus sacrés. On n'abandonne pas facilement les dogmes qu'on a réçus dans la jeunesse comme des oracles de la bouche d'un vieillard vénérable. C'est ainsi que se formait un lien indissoluble, une chaîne intellectuelle entre les générations qui se succédaient, moyennant quoi les doctrines d'une école pouvaient se conserver sans altération au travers des siècles.

Les philosophes et les savans de l'Inde semblent avoir transporté le système des théologiens, chacun dans sa partie. On dirait qu'ils ont voulu mettre l'écolier dans la dépendance de son maître, et empêcher qu'il ne pût, sans le secours de celui-ci, trouver l'entrée au sanctuaire de la science. Si tel a été en effet leur but, il faut avouer que leurs ouvrages y sont admirablement adaptés. Il est probable que l'on se sera long-temps fié à la seule tradition orale pour communiquer les éclaircissemens nécessaires. A mesure qu'on s'eloignait de l'antiquité, l'on a senti davantage le besoin de commentaires écrits. Peut-être on s'y est pris quelquefois trop tard, lorsque la tradition primitive était déjà perdue. Cette supposition est permise, lorsque les différens commentateurs ne s'accordent pas sur le sens d'un passage, comme cela arrive souvent aux glossateurs de la loi de Manou. Les commentaires se sont accumulés dans les temps modernes, lesquels, stériles en fait d'invention, n'ont eu guère d'autre fécondité que celle-là.

Si donc les Indiens de nos jours ont eux-mêmes besoin de commentaires pour lire avec fruit leurs anciens ouvrages, comment pourrions nous nous en passer?

Ceux qui, uniquement occupés de connaissances applicables, goûtent peu les recherches historiques et philologiques, seront d'avis qu'on pourrait s'épargner ces longueurs, en donnant de simples extraits au lieu de traductions; et que de tels extraits seraient parfaitement suffisans, au moins dans les sciences exactes et naturelles: puisqu'il est évident que, dans tout ce qui appartient à ces sciences, l'Europe moderne a surpassé infinement les peuples asiatiques et l'antiquité en général.

Il est vrai qu'un savant, également versé dans les langues et dans la science dont il s'agit, en ne donnant que les résultats, sans suivre l'auteur de l'ouvrage original dans les routes, souvent tortueuses, qu'il a prises pour y arriver, en élaguant tout ce qui ne lui paraîtrait pas solide et réel, pourrait éviter l'obscurité par l'ordre des matières, par une méthode simplifiée, et par une rédaction adaptée aux habitudes des lecteurs européens.

Mais d'abord, ce que j'ai dit des traductions d'ouvrages inédits, qu'il est impossible d'en constater l'exactitude, s'applique également aux extraits, et même à plus forte raison. Car dans une traduction, les traits de l'original étant moins éffacés, l'on pourra juger s'ils offrent encore une ressemblance générale avec le génie d'ailleurs connu d'une nation et d'un siècle. Cette pierre de touche nous manque pour un extrait; il faut donc le recevoir de confiance, et les annales de l'érudition prouvent assez, qu'une pareille confiance a souvent été accordée trop légèrement. Ensuite l'extrait, ne pouvant être donné d'une

manière satisfaisante que d'après un texte authentique, complet et correct, le même travail de
critique philologique, qu'on a droit d'exiger de
l'éditeur d'un original, doit avoir précédé. Je
citerai comme des modèles d'extraits bien faits,
les traités de M. Colebrooke sur l'astronomie des
Indiens, et sur leurs différens systèmes de philosophie. Mais si ce grand savant avait laissé au
public le choix entre une édition d'un seul ouvrage, accompagnée de ses explications, et un ré-
sumé succinct d'une foule de livres, tel qu'il l'a
donné: j'aurais voté sans hésiter pour le premier
travail, comme infiniment plus propre à élargir
notre horison intellectuel.

Dans l'histoire des sciences l'on ne cherche
point des connaissances spéciales et positives, dont
on est déjà en possession ou censé l'être; ce qui
rend cette étude si attrayante, c'est l'histoire de
l'esprit humain, qu'on y voit se developper sous
mille formes individuelles. Dans la physique
expérimentale et l'astronomie, personne ne con-
teste l'immense supériorité de l'Europe moderne
sur tous les temps précédens: il n'est pas besoin
de faire de gros livres pour la prouver. Est-il
digne d'un esprit vraiment éclairé, de se targuer
du savoir de son siècle vis-à-vis de l'antiquité?
On dirait cependant que feu M. *Delambre*, dans
son Histoire de l'astronomie ancienne, n'a eu autre
chose en vue que cette pauvre satisfaction de
l'amour-propre. Son unique résultat est, que
l'astronomie des anciens était peu de chose. A
peine fait-il une exception en faveur des Grecs;

mais il est particulièrement acharné contre les Indiens. On aurait pu lui demander : si cela ne vaut pas la peine, pourquoi donc vous en occupez-vous ? Peut-on oublier que, dans la science comme ailleurs, le premier pas de fait est la moitié du chemin ; que l'état actuel de la science est le produit des travaux de plusieurs nations, accumulés pendant une longue suite de siècles ; et qu'il a fallu du génie pour découvrir des vérités que tous les écoliers savent aujourd'hui par cœur ? L'Astronomie, après avoir été long-temps stationnaire, a pris un nouvel essor par les vues lumineuses des Copernic, des Kepler, des Newton ; le reste a été opéré par le perfectionnement des instrumens et des méthodes du calcul analytique. Sans doute, celui qui porte un chronomètre dans sa poche, pourra savoir plus exactement l'heure qu'il est, que ceux qui n'ont que des montres ordinaires, ou qui n'en ont pas du tout : mais serait-ce un juste motif de s'enorgueillir ?

C'est assurément un des faits les plus curieux dans l'histoire de la civilisation, de voir l'astronomie si anciennement cultivée. En vain M. Delambre voudrait-il expliquer ce fait, comme tant d'autres savans l'ont essayé avant lui, par l'utilité pratique de l'astronomie pour l'agriculture et la navigation. Cela n'aurait jamais produit autre chose qu'un calendrier de paysan, tel que Hésiode nous le donne. D'ailleurs la navigation des anciens est restée très-imparfaite : en général ils chassaient les côtes tant qu'ils pouvaient, parce qu'ils ne savaient pas s'orienter en pleine mer. Enfin, les peuples à nous connus qui, dans l'antiquité, se sont le plus assidûment appliqués à l'astronomie, les Egyptiens, les Chaldéens et les Indiens*), n'étaient point navigateurs. Quelque peu considérables que fussent les progrès, il a fallu un travail persévérant pour y arriver. C'était donc un autre but, un intérêt plus idéal qui porta ces peuples à la contemplation de la voûte azurée, et à l'observation constante du mouvement des corps célestes, comme Ovide le dit dans ces vers ravissans:

Felices animos, quibus haec cognoscere primis,
Inque domos superas scandere, cura fuit!

Je me suis permis une digression sur ce sujet, parce qu'il fournit un exemple frappant des découvertes auxquelles peut conduire la connaissance des langues, et l'étude des ouvrages originaux. La dissertation que M. Colebrooke a mise en tête de sa traduction de Brahmagupta et de Bhâscara fut publiée en 1817, dans la même année avec

---

*) A l'égard de ceux-ci, cela ne doit pas être pris à la rigueur. La loi enjoint en effet aux Brahmanes de ne jamais quitter la terre sainte, et c'étaient pourtant les Brahmanes qui étudiaient principalement l'astronomie. Les marchands peuvent voyager sans scrupule, et la loi de Manou fait mention d'hommes expérimentés dans la navigation de l'océan. (*Chap. VIII. dist.* 157.) Pour un but important les Brahmanes aussi se sont embarqués quelquefois : leurs colonies dans les îles de Java et de Bali le prouvent incontestablement. Voyez ma Bibliothèque Ind. T. I. p. 400-425.

l'histoire de l'astronomie ancienne par Delambre; le douzième volume des Recherches Asiatiques, imprimé à Calcutta en 1816, et contenant la dissertation de M. Colebrooke sur les notions des astronomes indiens concernant la précession des équinoxes, n'était peut-être pas encore arrivé en Europe: de sorte que Delambre n'a pu connaître ni l'une ni l'autre. Ainsi plusieurs assertions de ce calculateur qui s'était constitué historien sans vocation *), se sont trouvé réfutées à l'instant même où il les mit en avant avec tant de confiance et de morgue. M. Colebrooke a pesé avec

----

*) Delambre savait très - mal même le grec. Pour s'en convaincre, on n'a qu'à voir comme les passages grecs qu'il était dans le cas de citer, sont défigurés dans son livre, imprimé cependant sous les yeux de l'auteur. Mais il ignorait non seulement les langues, sa logique aussi est fort mauvaise. En parlant de certaines tables indiennes qui indiquent les mouvemens moyens des planètes, et qu'il s'efforce de faire passer pour très - modernes, il dit: „Il est permis de supçonner que „les Indiens, qui n'ont jamais attaché une importance „bien grande aux planètes, se sont ici un peu aidés des „travaux des Perses et des Arabes." — Comment Delambre pouvait il savoir que les Indiens n'ont jamais attaché une importance bien grande aux planètes? Nous pouvons facilement prouver le contraire: un seul passage du Râmâyana suffit. Voyez *Livre I, Chap.* 19 de mon édition. Le poète, en parlant de la naissance de Râmas, donne l'horoscope de son héros. C'était le neuvième jour du mois Chaitra, sous la maison lunaire consacrée à Aditi, cinq planètes étaient dans leur point de culmination, etc. etc. Ce passage se

cette circonspection, ce calme, cette impartialité qui le caractérisent, les prétentions des Grecs, des Arabes et des Indiens au titre d'inventeurs de l'algèbre, ainsi que les probabilités de communications scientifiques, qui peuvent avoir eu lieu entre ces nations. Désormais il n'est plus permis de parler d'emprunts que les Indiens auraient faits aux Arabes. Telle est l'obstination des préjugés, qu'on a voulu faire honneur aux Arabes de la propagation de leur savoir dans l'Inde, sans les consulter et malgré eux; puisque leurs historiens avouent franchement, qu'en fait de mathématiques et d'astronomie ils ont été les disciples des Indiens et plus tard des Grecs. Afin d'étayer son hypothèse ou plutôt celle de Montucla,

retrouve sans la moindre altération dans les nombreux manuscrits du Râmâyana que j'ai pu confronter : l'on ne saurait en contester ni l'authenticité, ni l'antiquité. Je laisse aux astronomes le soin d'examiner ce passage, dont on pourrait peut-être tirer des données chronologiques. Que ce fût l'astrologie qui dirigea d'abord l'attention des astronomes indiens vers le mouvement des planètes, peu importe.

Une partie vraiment amusante de l'ouvrage de Delambre, c'est son analyse de quelques passages des poètes grecs et latins. Il faut voir comme il les gourmande, surtout Ovide dans son histoire de Phaéton, pour avoir usé de leurs privilége, en transformant des notions scientifiques en images sensibles, et en les embellissant par les fictions de la mythologie. Il joue absolument le rôle de ce mathematicien qui, après avoir entendu réciter un beau poème, dont tous les auditeurs furent ravis, demanda froidement : Qu'est ce que cela prouve ?

Delambre s'est ingénié pour ramener tout aux temps modernes; beaucoup de points de chronologie littéraire qu'il avait proclamés comme irrévocablement décidés, sont rectifiés par M. Colebrooke.

Aryabhatta enseigna dans l'Inde la rotation diurne de la terre autour de son axe, peut-être en même temps avec Ecphantus, Heraclide du Pont, Aristarque de Samos et Nicétas de Syracuse, peut-être quelques siècles plus tard. Il est nullement probable que cette doctrine qui fit peu de fortune en Grèce, parce qu'elle heurte de front les apparences, ait été transportée de là dans l'orient. L'on ne saurait donc contester à Aryabhatta l'originalité de ses idées. M. Colebrooke n'a pu connaître cet auteur, n'ayant pas réussi dans ses efforts pour se procurer un manuscrit de ses œuvres. Toutefois elles ne semblent pas être perdues. Dans le catalogue des manuscrits du Colonel *Mackenzie,* je vois cité un commentaire sur quelques chapitres de son ouvrage, et un autre commentaire, attribué à Aryabhatta même, sur le Sûrya - Siddhânta *). Ces indications méritent d'être examinées de plus près.

Qu'y aurait-il de plus intéressant que de voir la gloire de cet homme de génie, ensevelie

---

*) *Mackenzie Collection. By H. H. Wilson.* Vol. I, p. 119. *The sûtras or rules of the Sûrya - Siddhânta by Aryabhatta.* — p. 121. No. XIII. *Aryabhatta - vyâkhyâna. A commentary on the Kâla-Kriyâ and Gôlâdhyâya - pâdas of Aryabhatta.*

dans l'oubli depuis tant de siècles, resuscitée par une édition de ses œuvres?

Je présume que la plupart de vos compatriotes ne seront pas très-curieux de connaître la métaphysique des solitaires qui ont médité ou rêvé jadis sur les rives du Gange. Mais puisqu'il existe encore quelques admirateurs de Platon et d'Aristote, quoique ces philosophes ayent vécu il y a plus de deux mille ans, je me flatte qu'on me pardonnera de reporter mon admiration encore quelques siècles plus haut sur les anciens sages de l'Inde. Cependant je n'ai garde de me brouiller avec une foule de nos contemporains, en disant toute ma pensée sur le mérite relatif des philosophes anciens et modernes, et sur l'étrange abus qu'on fait du nom de philosophie, en l'attachant à un amas confus de faits réels ou imaginaires, qu'on prétend avoir vérifiés par l'expérience. Or, à mon avis, la philosophie commence precisément là où l'expérience a son dernier terme.

M. Colebrooke a donné une notice exacte et assez détaillée de plusieurs systèmes de métaphysique, enseignés dans les écoles principales de l'Inde. Mais si l'on disait: „En voilà assez de „ces rêves et de ces subtilités! Maintenant on peut „se passer des originaux, et on doit les mettre „entièrement de coté"; — je ne saurais me ranger à cet avis. A l'égard du fond de la doctrine, nous ne pouvons pas nous attendre à voir paraître rien d'absolument nouveau. Toutes les voyes que l'esprit humain peut tenter pour resoudre le grand et unique problème de l'univers, ont été pratiquées dès la plus haute antiquité. Le caractère d'un philosophe décide de la direction que prendra sa pensée; mais son génie se manifeste par la forme dont il sait la révêtir.

La philosophie est sujette à une imperfection, qui lui est inhérente et presque invincible, parce qu'elle tient à la nature des signes dont elle doit se servir. Le géomètre peut rendre visibles et, pour ainsi dire, palpables les objets de ses démonstrations. Le métaphysicien, s'occupant de choses invisibles et insaisissables aux sens, ne peut faire qu'un appel à l'activité intellectuelle de ceux à qui il s'adresse. Les mots qu'il emprunte au langage de la vie commune, ont tous un alliage de sensualité, dont il s'efforce de les dépouiller. Il change donc l'acception des mots, il définit: mais la définition qu'il donne, est nécessairement composée d'autres mots, sujets aux même vague et à la même ambiguité que le terme qu'il voudrait expliquer. Dans quelques écoles, pour remédier à cet inconvénient, on a eu recours au raffinement des abstractions; dans d'autres, surtout dans l'antiquité, on a mis en jeu l'imagination créatrice; on a employé un style figuré et emblématique, pour exprimer, pour faire deviner au moins, ce qui est ineffable. C'est ainsi que Pythagore donnait à ses disciples silencieux des oracles, dont une méditation concentrée pouvait seule leur révéler le mystère; c'est ainsi que Platon, après avoir fait la part du doute et du raisonnement dans la discussion dialoguée, devient poète contemplateur, et s'élance d'un beau vol dans les régions idéales. Ce genre ne ferait pas fortune dans l'Europe moderne; aussi ce serait une entreprise hasardée de vouloir l'imiter. Sans l'impulsion d'un enthousiasme réel cela finirait comme le vol d'Icare; car, selon un ancien proverbe, il ne faut pas croire que tous ceux qui secouent le thyrse, soyent inspirés par Bacchus.

Les philosophes indiens nous fournissent des exemples de l'un et de l'autre genre, selon la différence des temps et des écoles. A en juger par les échantillons que nous connaissons, les auteurs des méditations religieuses (*upanishad*) qui forment une portion des Védas, se sont abandonnés à cette contemplation inspirée et divinatoire que je viens de décrire. La *Bhagavad-Gîtâ* en est un grand modèle. Si l'étude du sanscrit ne m'eût valu que la satisfaction de pouvoir lire ce merveilleux poème dans l'original, je me serais trouvé amplement dédommagé de toutes mes peines. C'est une sublime réunion du génie poétique et philosophique. Je rappelle ici avec plaisir les paroles spirituelles, que Warren Hastings a dites à ce sujet*). Puisque quelques écrivains s'attachent à dégrader le caractère moral et intellectuel des Indiens, proclamons-le à haute voix: leurs anciens sages ont parlé aussi dignement de l'Être suprême que le permet la faiblesse des facultés

---

*) Dans une lettre adressée à Nathaniel Smith, Esq. placée en tête de la traduction de la Bhagavad-Gîtâ par M. *Wilkins*.

humaines; ils ont conçu la possibilité d'une union intime de l'ame avec la divinité; ils ont enseigné la morale la plus pure, et la charité universelle.

La philosophie dans l'Inde remonte à une haute antiquité. Dans le premier livre du Râmâyana on trouve la description d'un sacrifice du cheval. Le poète dit que, dans les intervalles entre les cérémonies réligieuses, les Brahmanes rassemblés tenaient des disputes de métaphysique, ambitieux de remporter la victoire, par leur éloquence et par la subtilité de leurs argumens. La langue sanscrite elle même porte l'empreinte de cette tournure spéculative des esprits. Ailleurs on a emprunté des expressions usuelles, pour les transformer en termes techniques; ici des mots qui doivent évidemment leur origine à des doctrines spéculatives, ont passé dans le langage populaire. Les égaremens de la raison humaine aussi ont commencé de très-bonne heure, comme le prouve le discours de Jâvâli dans le Râmâyana (*Livre II, Chap.* 108.). Ce Brahmane professe, quoique d'une manière feinte, un système d'incrédulité et d'égoïsme moral. Manou (*Chap. II, dist.* 11.) blâme ceux qui se prévalent d'argumens tirés de la métaphysique pour attaquer l'autorité des livres sacrés. Cependant, malgré l'ascendant des prêtres, la liberté de la pensée, sans laquelle toute spéculation philosophique est étouffée dans son germe, n'a point été gênée dans l'Inde. Ces doctrines négatives et hérétiques ont pu être enseignées, et se sont propagées dans plusieurs écoles.

L'on ne saurait absoudre les Brahmanes de leurs cruelles persécutions contre les Bouddhistes. Le fanatisme en fut le prétexte; mais, comme cela se voit dans la plupart des guerres religieuses, des intérêts purement terrestres paraissent avoir été le véritable motif des instigateurs. En abolissant la distinction des castes, les Bouddhistes amenaient une révolution dans l'ordre social. D'après des vues générales on serait porté à applaudir à une réforme, qui tendait à détruire des priviléges révoltans. Mais, pour porter ses fruits, elle devait être accompagnée de nouvelles institutions politiques: faute de quoi le renversement des seules barrières contre l'abus du pouvoir royal; la destruction d'une double aristocratie, sacerdotale et guerrière, ne pouvait tourner qu'au profit du despotisme. La religion de Bouddha renchérit presque sur celle des Brahmanes, en inculquant la douceur des mœurs et des principes d'humanité: on n'en voit pas moins dans les pays bouddhistes, particulièrement dans la presqu'île au delà du Gange, toutes les horreurs de la tyrannie.

En passant en revue les diverses branches de la littérature indienne, je me flatte d'avoir fait sentir leur importance, et l'attrait varié qu'elles présentent. Je me suis attaché à prouver que l'étude des originaux, la collation des manuscrits et autres recherches laborieuses, doivent avoir précédé, afin que des traductions, des extraits, des résumés, puissent être entrepris avec succès, et reçus de confiance par le public éclairé. J'ai insisté en particulier là-dessus, parce que ce

principe, ce me semble, n'est pas assez reconnu
chez vos compatriotes. On l'a même negligé dans
un genre où tout dépend de l'exactitude la plus
minutieuse: je veux dire l'explication des anciennes
inscriptions. En feuilletant les volumes des Recherches Asiatiques, vous verrez que l'on s'est
souvent contenté de donner une traduction; d'autrefois le déchiffrement d'un Pandit en caractères
modernes, qui souvent ont été défigurés par le
graveur. Tout cela n'a pas d'authenticité suffisante: il faut des facsimiles, des calques ou, s'il
est possible, des empreintes en plâtre. Quelques
traits à demi effacés peuvent faire une différence
essentielle. Sir W. Jones a cru lire dans une
inscription sur l'aiguille de Firoz Shah la date
123 de l'ère de Vicramâditya; M. Colebrooke af-
firme que dans la seconde copie le nombre très-
distinctement écrit est 1220*). L'inscription est
donc de mille ans moins ancienne qu'on ne l'a-
vait d'abord supposé. Tandis que le système alphabétique est toujours resté le même, la forme
des caractères employés pour le sanscrit a prodigieusement varié selon les temps et les lieux, ce
qui souvent rend le déchiffrement difficile. Les
explications des Pandits ne meritent pas grande
confiance, parce qu'en général ils ne sont pas
voyageurs, et par conséquent n'ont pas eu l'occasion de voir beaucoup de monumens. Ce n'est

---

*) *Asiatic Researches*, edition de Londres, Vol. I, p. 379.
et Vol. VII. p. 175.

qu'avec le secours d'une nombreuse collection de calques ou d'empreintes d'inscriptions, provenant de toutes les parties de l'Inde, qu'on pourra approfondir la paléographie indienne, et en tirer des éclaircissemens importans pour l'histoire et la chronologie.

J'ai avancé ailleurs, et je ne m'en dédis pas, que la connaissance de l'Inde ancienne et moderne, répandue en Europe, a reçu des accroissemens plus considérables dans ces dernières cinquante années, que pendant les vingt et un siècles qui s'étaient écoulés depuis Alexandre le Grand. C'est à vos compatriotes que nous les devons. Néanmoins, combien reste-t-il à faire! Quel vaste champ s'ouvre à l'industrie intellectuelle de l'Europe! La moisson est ample: ne manquera-t-on pas de moissonneurs?

L'étude du sanscrit a été importée en Europe par les Anglais; sur le continent elle fut retardée par le système continental de Bonaparte, qui gênait toutes les communications, même purement littéraires. En France et en Allemagne le succès ultérieur de cette étude me paraît assuré, puisque j'y vois rivaliser de zèle plusieurs savans d'un mérite distingué. En est-il de même en Angleterre? Je l'ignore. Les universités d'Oxford et de Cambridge ne se sont pas encore occupées, que je sache, de ce nouveau genre d'érudition*). Les

---

*) Lorsque j'écrivis ces lignes, il était déjà connu que le feu Lieut. Col. *Boden* avait doté une chaire de littérature sanscrite à Oxford. Mais la généreuse intention

colléges de Calcutta et de Hayleybury, fondés exclusivement pour l'instruction des jeunes Anglais, appelés à des fonctions administratives dans l'Inde, atteignent leur but, si les étudians y acquièrent les premiers élémens des langues savantes: du sanscrit, de l'arabe, du persan; et une connaissance usuelle des dialectes modernes, du bengalique, de l'indostanique etc. Ces idiomes, dont la connaissance est si utile pour les affaires, sous le point de vue scientifique, n'occupent qu'un rang très-subalterne. Parmi les Anglais qui résident en Asie, plusieurs employent noblement le peu de loisir que leur laissent les fonctions de leurs charges, à recueillir des connaissances historiques et géographiques, des observations sur les mœurs ou des découvertes d'histoire naturelle. Chaque année l'on voit paraître en Angleterre des ouvrages intéressans sur l'Inde moderne. Mais l'Inde ancienne est moins avantageusement partagée. Je crois avoir démontré que l'étude des langues est la seule base solide de toutes les recherches qui ont rapport à l'antiquité, et cette étude ne peut être perfectionnée que par des savans de profession. L'art de la critique philologique est trop difficile pour être exercé en passant. Si quelquefois des militaires, des administrateurs, des hommes d'état, ont été en même temps des érudits, comme nous en avons vu de

---

du donateur n'avait pas encore été réalisée, et semblait même rencontrer des obstacles. L'élection d'un professeur n'a eu lieu que dans le mois de Mars 1832.

glorieux exemples, c'est une exception trop rare pour que l'on doive y compter.

Dans les recherches historiques sur une antiquité enveloppée d'épaisses ténèbres, une teinte légère de la connaissance des langues savantes, non seulement n'est pas utile; elle est nuisible et dangereuse, en ce qu'elle inspire trop de présomption à ceux qui la possèdent. Ils se croyent en état de décider de prime abord des questions ardues, pour la solution desquelles il faut encore de grands préparatifs. Autrefois les voyageurs se bornaient à rapporter ce qu'ils avaient observé eux-mêmes et ce que les naturels du pays leur avaient raconté; aujourd'hui on veut pousser plus avant, souvent sans en avoir les moyens. Depuis que l'exemple de Sir W. Jones, et l'institution de la Société Asiatique à Calcutta ont excité l'émulation, c'est devenu la mode d'avoir des idées neuves et originales sur l'Inde ancienne. A côté des découvertes réelles et des progrès véritables, il y a eu un débordement de nouvelles erreurs. Pour me servir d'une fiction d'Homère, ce palais enchanté de l'antiquité a deux portes, l'une de corne et l'autre d'ivoire. La première a peu d'apparence; les avenues en sont désertes; elle ne s'ouvre que rarement, de sorte que les battans crient sur leurs gonds rouillés. C'est par là que sortent les vues profondes, les véritables découvertes, résultats d'une investigation savante et judicieuse. La porte d'ivoire, d'un éclat éblouissant, et ornée de sculptures bizarres, est assiégée par le public, empressé d'accueillir les rêves creux, les fausses théories, les hypothèses arbitraires, qui en sortent en foule. Ces fantômes légers et aériens, qu'un souffle du vent pourrait dissiper, s'avancent d'un pas assuré, et se vantent souvent d'une illustre origine. Vainement on se flatterait qu'après que la vérité est sortie par l'autre porte, les illusions cesseraient enfin de l'offusquer.

Je m'en vais donner des exemples, et je commencerai par une question de détail qui cependant a exercé beaucoup de plumes. Les témoignages des anciens, parvenus jusqu'à nous, n'indiquent que d'une manière vague, et même contradictoire le site de la capitale des Prasiens, *Palibothra*, où Megasthène résida comme ambassadeur. On a vu paraître cinq fausses Palibothra, situées à Allahabad, à Canoge, au confluent du Gange avec le Brahmapoutra, à Râjamahal et à Bhagalpur, dont quelques unes doivent le jour à des auteurs célèbres: à d'Anville, à Robertson, à Gibbon et au baron de Sainte-Croix; les deux dernières ont été imaginées par le Col. Franklin et le Col. Wilford. La vraie Palibothra fut retrouvée par Rennel, près de Patna, au dessous du confluent du Sôna et du Gange. Tous les auteurs que j'ai cités, excepté le premier, ont écrit postérieurement, et n'en ont pas moins soutenu leur opinion erronée. Les deux noms du fleuve Sona, consignés dans le dictionnaire d'Amara-Sinha, et plusieurs passages d'un drame indien, dont la scène est à Palibothra même, (en sanscrit *Pataliputra*) confirment la conjecture du savant géographe, et décident la question une fois pour toutes*). Lorsqu'il s'agit d'un fait, un témoignage positif et authentique vaut mieux que mille raisonnemens.

L'on ne saurait nier que le spirituel Sir W. Jones n'ait fait passer par la porte d'ivoire plusieurs illusions favorites, parées de tous les ornemens d'une éloquence académique. Sa compa-

---

*) J'ai discuté les difficultés dans ma Bibliothèque Indienne, Vol. II. p. 394. Arrien dit, sans doute d'après Mégasthène, que Palibothra est située au confluent du Gange et de l'Erannoboas. Sir W. Jones a remarqué avec beaucoup de sagacité qu'Erannoboas est le nom sanscrit *Hiranyavâha*, hellénisé selon le goût des Grecs. Or, Amara-Sinha donne ce dernier nom comme synonyme de Sôna. Si le texte de Pline n'est pas corrompu, ce naturaliste a donc eu tort de faire de ces deux noms deux fleuves différens. — Robertson essaye de soutenir l'opinion de d'Anville contre Rennel. Une fausse ressemblance de deux mots très-différens l'a trompé. Il avait appris que le site d'Allahabad était appelé *Praeg*; il crut reconnaître l'ancien nom des *Prasii*. Mais *Praeg* est contracté de *Prayâga*, c'est-à-dire, confluent, et par excellence le confluent du Yamunâ (*Jumna*) et du Gange. Le vrai original du nom des *Prasii* est *prâchya*, les orientaux. — Gibbon a été singulièrement distrait dans cette occasion. Il déclare (Chap. 57, note 6.) que Canoge est l'ancienne Palibothra, et au même instant il cite les avis différens de d'Anville et de Rennel, comme s'ils étaient d'accord avec le sien. — Le Colonel Franklin a publié plusieurs écrits en faveur de son hypothèse insoutenable; il n'en etait pas encore revenu, lorsque l'évêque Heber lui fit une visite. M. Wilson parle de cette question avec une parfaite justesse. *Hindu Theatre*, Vol. III, p. 12.

raison des dieux de l'Inde avec ceux de la Grèce et de l'Italie, à côté de quelques aperçus heureux, est tellement remplie d'assertions mal fondées, la mythologie y est traitée avec si peu de critique, qu'il y a de quoi jeter de la confusion dans toutes les recherches sur l'histoire du Polythéisme. J'ai déjà parlé de la foi que Sir W. Jones prodigua à deux livres apocryphes, le Dabistan et le Désatîr. Une autre erreur très-grave est, d'avoir voulu, contre toutes les probabilités, transformer Bouddha en Ethiopien*), tandis qu'une tradition digne de foi et vraiment historique, fixe sa naissance à *Gayá* dans la province de *Magadha*, appelée aujourd'hui Behar, ou plutôt *Vihára*, d'après le nom classique des temples bouddhistes.

Ulysse fut terrifié en voyant fondre sur lui des troupes innombrables d'ombres; il craignit que Proserpine ne lui envoyât l'horrible tête de Gorgone, et il se retira precipitamment des enfers. Les hypothèses chimériques du colonel Wilford, sortant en foule par la porte d'ivoire, me font éprouver une impression pareille. Quelles étranges figures! D'abord le Nil, l'Egypte, Sémiramis, ensuite les îles sacrées de l'ouest, c'est-à-dire la Grande-Brétagne et l'Irlande en personne: tout cela retrouvé dans de vieux livres sanscrits! La marche est fermée par *Parasou-Ráma* identifié avec Persée, parce que l'un porte une hache, l'autre un

---

*) As. Res. Vol. I, p. 427. et 428, dans le troisième Discours anniversaire du Président. Comparez Rémusat Mélanges Asiatiques T. I, p. 102.

contelas en forme de faucille. Wilford a été mys-
tifié; cela était arrivé à d'autres avant lui. En
lisant les citations de *Holwell*, je ne saurais douter qu'on ne lui ait fourni des textes falsifiés,
tels qu'il les désirait. Ces écrits sont imprimés
et conservés dans les bibliothèques. Le commun
des lecteurs ignore que les systèmes qu'ils enseig-
nent, ont été réfutés, ou ne méritent pas de l'être;
et des auteurs sans critique et sans savoir solide
vont toujours puiser à de pareilles sources.

On peut classer les principales fausses routes
qui ont été suivies. Autrefois il y avait chez vous
une secte assez nombreuse de *Croyans*, qui admettaient comme des réalités les fictions les plus
extravagantes de la mythologie brahmanique.
Ces fictions cependant ne reposent que sur une
optique inverse, si je puis m'exprimer ainsi. Les
objets éloignés de nous se rapetissent à nos yeux;
l'éloignement dans le temps, au contraire, agran-
dit tout: les personnages, les événemens et la durée des époques. Chez tous les peuples qui n'ont
point d'annales régulières et authentiques, c'est
la source du merveilleux dans leurs anciennes
traditions. Chez les Indiens cette exagération dépasse toutes les bornes, précisément parce que
l'Histoire n'est jamais venue y mettre ordre.

Aujourd'hui la secte des *Croyans* est presque
éteinte chez vous; elle est remplacée par celle des
Négatifs. On s'est jeté, comme cela arrive, dans
l'extrême opposé: on a tout révoqué en doute;
on a parlé de la civilisation de l'Inde, comme si
elle datait d'hier ou d'avant-hier. Des lecteurs

peu instruits prennent cela pour de la sagacité; mais, au fait, un auteur peut trahir son manque de tact et de discernement aussi bien en doutant et en niant, que par une trop grande crédulité. Si les *Modernistes* se flattent d'avoir inventé un système tout nouveau et original, ils se trompent: il y a un siècle que leur hypothèse fut mise en avant par *Bayer*, de l'académie de St. Petersbourg. Bayer était un antiquaire savant et, en général, judicieux: mais dans cette circonstance, il s'est singulièrement fourvoyé, par l'observation d'un fait isolé. Il avait remarqué que les noms sanscrits des nombres ressemblent aux noms grecs. Il en conclut que les Indiens devaient avoir reçu des Grecs établis dans la Bactrie, tout ce qu'ils possèdent en fait d'arts et de sciences, y compris les élémens de l'arithmétique. Les Grecs ont toujours eu une manière détestable de chiffrer; Bayer ne pouvait pas nier, que les Indiens n'eussent inventé l'admirable système décimal: il dit qu'ils ont rencontré cela par hasard, comme une poule aveugle trouve quelquefois un grain d'orge. Avec un peu plus d'attention, il aurait remarqué, que parmi les noms sanscrits des nombres, quelques-uns sont plus rapprochés du latin que du grec, et cependant les Romains n'ont jamais été en contact immédiat avec les Indiens. Ces ressemblances sont primitives, ainsi qu'une infinité d'autres bien plus étonnantes. C'est aujourd'hui un fait aussi avéré que quoi que ce soit dans l'histoire du genre humain, que les langues parlées par une multitude de peuples anciens et modernes, depuis les bords de l'océan méridional jusqu'aux confins de la zone glaciale en Scandinavie, sont toutes issues d'une même souche. Mais du temps de Bayer l'analyse comparée des langues n'était pas encore découverte.

Une troisième secte d'antiquaires indianistes n'a eu que trop de succès: ce sont les *Bouddhomanes*. Ils soutiennent que le Bouddhisme est plus ancien que le Brahmanisme; que le premier a été jadis la religion générale de l'Inde, et que les Brahmanes sont des intrus et des usurpateurs modernes. C'est tout aussi raisonnable, que si l'on disait que les juifs sont des apostats de l'Islamisme, et que leurs Rabbins ont substitué la loi de Moyse à l'Alcoran. Les Bouddhistes eux-mêmes, ayant une chronologie assez bien constatée, ne prétendent pas à cette priorité, et les emprunts qu'ils ont faits à la doctrine et au culte des Brahmanes, sont manifestes. Ils n'ont pas même détrôné les dieux brahmaniques, ils ont seulement placé leur prophète au dessus de tous. En vain M. Colebrooke a-t-il eu la condescendance de réfuter les Bouddhomanes par des argumens invincibles *): ils reviennent toujours à la charge, sans entrer dans la discussion. Ce qui a pu donner quelque apparence à cette hypothèse pour des observateurs superficiels, c'est que le Bouddhisme s'est en effet propagé dans l'Inde pendant nombre de siècles. Dans quelques provinces il semble avoir oblitéré

---

*) As, Res, Vol. IX. *Observations on the Jains*, p. 299 - 3o2.

entièrement la religion des Brahmanes; de sorte que ceux-ci n'ont pu rétablir leur autorité qu'après l'expulsion des Bouddhistes, à une époque comparativement moderne. Dans ces provinces il existe donc beaucoup de monumens du Bouddhisme, qui prouvent que les prêtres de cette religion, en renonçant au privilège de la naissance, ont su se dédommager, et qu'ils ont acquis de grandes richesses par des donations pieuses. Mais les Bouddhomanes ne laissent absolument rien aux Brahmanes: pour peu qu'une figure sculptée soit assise les jambes croisées, à leurs yeux c'est infailliblement un Bouddha. Je les invite à lire l'excellent traité de M. Erskine sur les marques distinctives qui caractèrisent les temples de l'un et de l'autre culte.

Je ne m'arrêterai point à la secte des *Peintres en noir*. C'est ainsi que je désigne les auteurs qui décrivent une nation de plus de cent millions d'ames, les descendans de ces mêmes Indiens, que les Grecs appellèrent les plus justes des humains, comme un tas de scélérats, de lâches et d'imbéciles. Il serait étrange que les invasions de conquérans barbares, répétées depuis huit siècles et accompagnées de grandes devastations; le despotisme mahométan et l'influence de cet exemple sur les souverains de race hindoue; enfin les horreurs commises par les Européens, n'eussent pas détérioré l'état social dans l'Inde. Néanmoins, les témoignages les plus honorables ont été rendus solennellement devant le parlement britannique au caractère et au mœurs de la génération actuelle.

Pour décréditer ces témoignages, un écrivain de cette classe a trouvé un merveilleux subterfuge: il dit que pour bien connaître l'Inde, il ne faut jamais avoir séjourné dans le pays. Au reste, les *Peintres en noir* sont peu aimables: ils ont fait des livres lourds et ennuyeux; je suis fâché de voir des missionnaires parmi les adhérens de cette secte.

Il résulte de tout ceci que des recherches profondes et scientifiques sont nécessaires, non seulement pour augmenter nos connaissances, mais aussi pour opposer une digue au débordement des erreurs et des préjugés.

Dans un pays tel que l'Angleterre, où tant de carrières honorables et avantageuses sont ouvertes au talent et à l'activité intelligente, un genre d'érudition, apprécié par très-peu de personnes, regardé avec indifférence par le public, n'obtenant aucun encouragement de la part du gouvernement, ni aucune récompense publique: un tel genre d'érudition, dis-je, court le risque d'être entièrement abandonné. Supposons que, pour prévenir ce danger, on eût fondé à Londres une Académie, destinée uniquement à cultiver et à perfectionner l'étude de la philologie, de l'histoire et des antiquités asiatiques; une Académie, s'entend, suffisamment dotée pour assurer le sort de ses membres, et pour subvenir aux frais des publications coûteuses; pourvue d'une imprimerie polyglotte, et de tous les secours de l'érudition: examinons maintenant, si une telle réunion de savans serait condamnée à l'oisiveté parce qu'elle ne trouverait plus rien à faire; ou si, au contraire, pour répondre au but de son institution, elle aurait des travaux immenses à entreprendre, dont l'achèvement exigerait une longue suite d'années? Je me bornerai à donner une esquisse légère de ceux qui se rapportent à l'Inde; les autres contrées asiatiques, l'Arabie, la Perse, le Tibet, la Chine, la presqu'île au delà du Gange et l'Archipel indien, fourniront une variété infinie d'objets à l'activité de vos Académiciens.

Je parcourrai les différens départemens, en partant toujours de la philologie, comme de la base de tout le reste.

Lexicographie. Il est urgent de faire une nouvelle édition du Dictionnaire de M. Wilson, puisque cet ouvrage indispensable à l'étude du sanscrit ne se trouve plus dans la librairie, soit que l'édition entière ait été épuisée, ou que les exemplaires qui en restent, ayent été retenus à Calcutta, afin de n'en pas manquer dans la suite. Cette édition pourra être considérablement augmentée, en mettant à profit les matériaux, dont nous sommes déjà en possession; j'ai indiqué en général les corrections à faire.

Il serait bon d'employer le latin concurremment avec l'anglais dans l'explication des termes. Cela aurait de grands avantages sous le rapport de la précision, et ne souffrirait aucune difficulté, puisqu'il est à présumer que tous les académiciens orientalistes seront versés aussi dans la littérature classique, qui est la véritable gymnastique de l'esprit pour un philologue.

Un *Trésor de la langue sanscrite* est une entreprise de longue haleine. Accordons à trois ou quatre savans, réunis en comité, dix ans pour la collection des matériaux, et dix autres années pour la rédaction. Afin de découvrir toutes les richesses poétiques et scientifiques de cette langue étonnante, il faudra fouiller dans des centaines de volumes inédits; transcrire les définitions données par les commentateurs et les grammairiens; comparer les passages où un terme obscur est employé, pour en saisir la signification, et même les nuances fugitives.

Bibliographie. La collection de manuscrits conservés dans la Bibliothèque de la Compagnie des Indes orientales, est riche et magnifique. Il n'en existe point encore de catalogue imprimé. J'y ai vu des catalogues partiels tellement incorrects, qu'on a de la peine à s'y reconnaître. Mais des catalogues qui indiquent seulement le titre général, que les copistes ont coutume de mettre à la fin de l'ouvrage, ne suffisent pas. Des catalogues raisonnés, dans le genre de ceux que les académiciens français ont publié de la Bibliothèque Royale, seraient d'une grande utilité. Il faudrait suivre la division d'un ouvrage par livres et chapitres, lesquels souvent portent des titres spéciaux, et indiquer succinctement les matières qui y sont traitées. Des échantillons judicieusement choisis, donneraient une idée générale du style et de l'esprit de la composition.

Il est essentiel de faire attention à la date des manuscrits, marquée souvent à la fin du livre ou de ses divisions principales avec une grande exactitude. Une fausse date, ajoutée postérieurement, serait facilement reconnue par la différence de l'écriture. Le copiste, tout joyeux d'avoir achevé son pénible travail, y joint d'ordinaire des exclamations pieuses, et des vœux pour le bonheur de tout le monde. Quelquefois il fait l'aveu naïf de sa bonne foi et de son ignorance par le verset suivant: „Tel que j'ai eu le livre sous les „yeux, tel je l'ai copié; qu'il soit correct ou in-„correct, il n'y a pas de ma faute." — Je crains bien que les Pandits, qu'on charge à Calcutta de l'impression de textes sanscrits, n'ayent souvent suivi la même maxime.

Au défaut de dates expresses, l'antiquité d'un manuscrit peut être estimée à peu près par la forme des caractères et plusieurs autres indices. En général, les manuscrits sanscrits ne sont pas fort anciens. On en connaît la cause. Les matériaux, le papier et les feuilles de palmier, sont bien moins durables que le parchemin, et en outre fort exposés au dégâts des insectes dans le climat de l'Inde. Des manuscrits qui datent de trois siècles sont déjà fort rares, je n'en connais que trois ou quatre qui remontent au delà *).

---

*) J'ai moi-même réuni et rangé à Oxford dans la Bibliothèque Radcliffienne les feuillets épars d'un manuscrit entièrement négligé et ignoré du *Sri-Bhágavata-Pouráná*, dont les dates répondent à l'an de J. C. 1405-7. Le colonel Tod, investigateur éclairé des antiquités asiatiques, possède aussi plusieurs manuscrits

Mais la diversité des provinces d'où proviennent les copies du même ouvrage, supplée en quelque façon à l'antiquité. Des textes conservés sans altération, en traversant de si grandes distances, et qui présentent un parfait accord entre les exemplaires du Cachemire ou du Népal d'une part, et de la péninsule de l'autre, sont probablement authentiques.

Dans les ouvrages scientifiques et dans les commentaires, des auteurs plus anciens sont cités fréquemment. En notant soigneusement ces citations, on parviendra peu à peu à former un répertoire de la littérature sanscrite, dans lequel rien de vraiment important ne soit omis. Ces citations fourniront en même temps des données pour une *Chronologie relative*, dont il faut souvent se contenter dans l'histoire littéraire de l'Inde, aussi bien que dans son histoire politique.

En voyant les trésors, accumulés dans la Bibliothèque de la Compagnie, beaucoup de person-

---

fort anciens. Dans le catalogue des manuscrits sanscrits de la Bibliothèque Royale de Paris, rédigé par feu M. Alexandre Hamilton, un exemplaire du *Sâhitya-Darpana* est rapporté à l'an 949 de l'ère appelée Sâka, 1027 de J. C. J'ai examiné ce manuscrit : l'identité de l'écriture et la pâleur de l'encre m'ont convaincu qu'il n'y a aucune fraude dans la date. C'est une donnée fort importante pour la chronologie littéraire : car l'auteur de ce livre enseigne l'art de la composition poétique et oratoire par des exemples, extraits d'une foule d'ouvrages déjà célèbres de son temps.

nes penseront peut-être, qu'il serait superflu de les augmenter encore. Mais on ne peut jamais avoir trop de manuscrits, ni même assez. Ces richesses sont grandes, mais inégales: la comparaison du catalogue avec une revue générale de la littérature sanscrite fera connaître les lacunes. L'attention des philologues indianistes ne s'est pas encore dirigée vers les traités de médecine, qui doivent exister en grand nombre. Il ne se trouve absolument rien de relatif à cette science dans la bibliothèque de Paris. Dans le catalogue des livres que Sir W. Jones a légués à la Société Royale à Londres, un seul manuscrit est indiqué comme traitant de la matière médicale. Les collections du Colonel Mackenzie et de Sir Robert Chambers contiennent quelques livres de médecine. Les Indiens doivent avoir écrit une multitude de traités sur les arts et métiers, *Silpa-Sâstra*, puisqu'un Pandit bien instruit, dans une esquisse de toutes les sciences cultivées dans son pays, dit que cette théorie se subdivise en soixante quatre parties, selon le nombre des arts (*As. Res. vol. I, p.* 341.). Sir W. Jones croyait les Silpa-Sâstra perdus: des recherches plus étendues en feront peut-être retrouver quelques-uns. Quelle que soit la supériorité des manufactures européennes sous beaucoup de rapports, l'on ne saurait nier que plusieurs peuples asiatiques n'ayent atteint depuis un temps immémorial dans quelques productions de l'art une certaine perfection, difficile à imiter même en Europe. Ensuite ils sont restés stationnaires; voilà ce qui les sépare de la civilisation progressive des Européens. Ctésias vante déjà la trempe des lames de l'Inde, reconnue excellente de nos jours; il décrit un parfum merveilleux, apporté de ce pays: c'était sans doute l'essence de roses. J'ai fait voir ailleurs que probablement les Indiens, et non pas les Chinois, ont inventé la culture des vers à soye.

Jusqu'ici, dans la publication de textes sanscrits, ont s'est laissé guider, ou par la célébrité populaire, qui est toujours d'un grand poids, lorsque la superstition n'y entre pour rien, ou par le jugement des Pandits, avec lequel le nôtre pourrait bien ne pas s'accorder toujours. Après avoir passé en revue toute la littérature sanscrite, on pourra procéder plus systématiquement, et faire dans chaque genre un choix sévère des ouvrages les plus anciens et les plus marquans par leur originalité et leur valeur intrinsèque. Assurément, les Académiciens ne manqueront pas de travail, s'ils veulent donner des éditions aussi soignées que celles que nous possédons de la plupart des auteurs classiques. Il faudra souvent, pour bien expliquer la substance d'un texte, que le philologue s'associe avec un savant versé dans la science dont il s'agit: un mathématicien, un astronome, un médecin ou un botaniste.

Puisque j'ai parlé des richesses que l'Angleterre possède en fait de manuscrits orientaux, permettez-moi de soumettre à votre jugement une observation sur l'emploi qu'on en fait. C'est la règle générale chez vous de ne jamais laisser sortir les manuscrits des bibliothèques publiques.

Cela diminue de beaucoup leur utilité. Les bibliothèques ne sont ouvertes que pendant un temps limité, et ceux qui veulent y étudier, sont sujets à beaucoup de distractions et d'interruptions; au lieu que, si l'on a un manuscrit chez soi, on peut continuer à toutes les heures le travail long et pénible de le collationner ou copier. On craint sans doute que des manuscrits précieux pourraient être égarés, ou soustraits à dessein, ou mutilés par méchanceté. Mais la poussière, l'humidité, la moisissure et les insectes rongeurs, sont bien plus dangereux pour ces antiquités de l'érudition, que la négligence et la mauvaise foi des savans. Il y a peu d'exemples dans l'histoire littéraire de vols commis sur de pareils objets. Le grand philologue Gérard Vossius emporta furtivement de Suède le fameux *Codex argenteus:* mais il prétendait qu'il s'était emparé seulement d'un gage pour obtenir le payement d'une somme que la reine Christine lui devait. Je ne dis pas qu'il faille accorder sa confiance à tout le monde; mais je pense que la réputation d'un savant connu en Europe, est une garantie suffisante. Je dois ici un tribut de reconnaissance à la France pour son hospitalité envers les savans étrangers. Ce que je propose, se fait à Paris avec la plus grande libéralité. Sir W. Jones était de mon avis: car en léguant ses manuscrits à la Société Royale, il y met la condition expresse, qu'ils doivent être prêtés à tout homme studieux qui les demandera *).

---

*) Voyez ses Oeuvres, Vol. XIII, p. 599, Dans la lettre

Paléographie. J'ai déjà parlé de l'insuffisance de ce qui a été fait jusqu'ici, et des précautions qu'il faut prendre pour arriver au déchiffrement et à l'explication des inscriptions anciennes. Depuis qu'on a cherché, un grand nombre de découvertes ont été faites. Le zèle intelligent des autorités locales, disséminées dans ce vaste empire britannique de l'Inde, fournira les moyens de former avec le temps un Corps d'inscriptions sanscrites, tel que le *Corps d'inscriptions grecques* qui se publie aujourd'hui sous les auspices et aux frais de l'académie de Berlin. Un recueil complet de ce genre jettera un nouveau jour sur beaucoup de points obscurs de l'histoire.

Géographie ancienne et moderne. Les descriptions de la presque-totalité de l'Inde soumise à la domination immédiate de l'Angleterre, publiées par des voyageurs et des administrateurs, ne laissent rien à désirer. Tout ce que nous comprenons sous le nom de *statistisque*, c'est à dire la population, les différentes classes d'habitans, les productions du pays, l'agriculture, l'industrie manufacturière, le commerce, a été décrit dans un si grand détail et avec tant d'exactitude, en partie d'après des documens officiels, que plusieurs pays de l'Europe sont moins bien connus sous le

---

adressée à Sir Joseph Banks, il dit : ,,*You will depo-*
,,*sit them in the Royal Society, so that they may be*
,,*lent out, without difficulty, to any studious men who*
,,*may apply for them.*"

rapport de l'économie politique. Les travaux des ingénieurs anglais, entrepris pour perfectionner la géographie exacte, celle qui a pour base les observations astronomiques et les opérations de la géométrie appliquée, ont mérité et obtenu l'admiration de l'Europe. On a pénétré jusqu'aux vraies sources du Gange, on a mesuré les cimes les plus élevées des monts Himâlaya. Néanmoins les meilleures cartes anglaises de l'Inde sont entachées d'un défaut essentiel: c'est la confusion qui règne dans les noms des provinces, des districts, des montagnes, des rivières, des villes et des villages. Chaque géographe les écrit à sa guise, et d'une façon tout à fait arbitraire. Je ne crois pas dire trop, en affirmant que tel nom s'écrit de six manières différentes. On s'est fié à l'oreille, en apprenant les noms de la bouche des naturels du pays; mais l'oreille saisit mal les sons d'une langue inconnue. Ensuite on a voulu exprimer ces sons par la valeur que les lettres latines ont dans la langue anglaise: et c'est là une entreprise impossible et contradictoire en elle-même. L'orthographe ou plutôt la *scoliographie* anglaise n'a rien à démêler avec la prononciation; elle est historique, elle désigne la prononciation d'un autre temps, altérée depuis. Beaucoup de lettres ne sont pas prononcées du tout; plusieurs consonnes ont un son différent selon les mots où elles sont employées. Deux voyelles homogènes signifient souvent une voyelle différente, et des voyelles simples une diphthongue; d'autres diphthongues ou voyelles longues sont exprimées par

la réunion d'une voyelle et d'une semi-consonne.
D'ailleurs la langue anglaise d'aujourd'hui abonde
en voyelles voilées qui n'ont pas de place bien
fixe dans l'échelle musicale des sons articulés.
Dans les cartes des pays européens, gravées en
Angleterre, on conserve les noms tels que chaque
nation les écrit, quoiqu'il soit sûr que les Anglais
qui ignorent les langues de ces nations, les pro-
nonceront mal. En Asie on a voulu peindre à
l'œil la prononciation moderne et populaire,
mais sans méthode quelconque : de là tant de variations et de corruptions. Sir W. Jones jugea
la question si importante, qu'il débuta par un
traité sur l'orthographe des noms asiatiques. Son
excellente méthode a été adoptée par tous les savans indianistes : il serait temps de l'introduire
enfin dans la géographie. Le système de Sir
William est également applicable à l'arabe, au
persan et au sanscrit; et par conséquent aux
idiomes actuellement usités dans les différentes
provinces de l'Inde : puisque dans tous ces idiomes
on employe ou une écriture dérivée de l'alphabet
sanscrit, ou les lettres arabes et persannes, avec des
notes diacritiques, comme cela se pratique dans l'indostanique et le malais. Il faut donc constater d'a-
bord, si le nom est sanscrit, arabe, persan ou mixte,
ou s'il appartient à un dialecte populaire. Ensuite
il faut l'exprimer regulièrement en lettres latines,
sans se soucier d'une prononciation contractée ou
autrement vicieuse. Les noms sanscrits sont généralement sonores et significatifs, et c'est un
secours pour la mémoire, de connaître leur sig-

nification. L'auteur d'un ouvrage fort utile, M. Walter Hamilton, a senti cela: mais les explications qu'il donne, ne sont pas toujours correctes. La réforme que je propose, ne serait pas sans utilité dans les affaires; on m'assure que les noms défigurés causent beaucoup d'équivoques, et que les lettres quelquefois n'arrivent pas à leur adresse.

La géographie ancienne de l'Inde offre des problèmes assez compliqués. *D'Anville* a publié un traité particulier sur cette matière: il n'en est pas moins tombé dans des erreurs très-graves, consignées dans sa carte. Entr'autres il a méconnu le véritable Indus qui longe la frontière occidentale du Cachemire; il a pris pour l'Indus le fleuve qui traverse ce pays: c'est l'Hydaspe des anciens. Cela cause un deplacement dans tous les fleuves du Panjab, que *Malte-Brun* a rectifié. Notre géographe *Reichard* a corrigé dans sa carte quelques fautes, mais il en introduit de nouvelles. Les témoignages des auteurs classiques ne peuvent être éclaircis que par la connaissance du sanscrit, et par les passages d'anciens auteurs indiens, où . les mêmes objets géographiques sont mentionnés. C'est ce que j'ai essayé de faire en comparant les noms grecs avec les noms sanscrits des cinq fleuves du Panjab; le professeur *Lassen* a commenté une description de cette contrée qui se trouve dans le Mahâ-Bhârata, et en a tiré des éclaircissemens sur l'expédition d'Alexandre le Grand*).

---

*) *Ind. Bibl.* II, p. 295-308, et Lassen *de Pentapotamia Indica.*

Les deux sources de la géographie ancienne de l'Inde, c'est à dire les relations des étrangers, et les noms géographiques indiqués par les auteurs du pays, doivent d'abord être considérées séparément, ensuite il faut chercher leur coïncidence. Plusieurs points ont déjà été constatés, mais il reste beaucoup à faire. Des noms qui ne sont accompagnés d'aucune indication du site, ne nous instruisent guère. Il faut faire attention aux descriptions de voyages à l'intérieur, qui se trouvent dans le Râmâyana et le Mahâ-Bhârata. Nous ne consulterons pas les poètes mythologiques sur le reste du globe, dont ils se sont formé des idées chimériques; cependant ils paraissent avoir assez bien connu les peuples au Nord-Ouest de l'Inde. Hérodote dit que les Perses désignaient par le nom de *Sacæ* tous les Scythes, c'est à dire les tribus nomades de l'Asie centrale à l'Est de la mer caspienne, d'où elles étendirent leurs conquêtes au nord du Pont Euxin; les poètes indiens leur donnent le même nom: c'est un accord remarquable. Cosmas surnommé l'Indopleuste, les voyageurs et les historiens arabes, et peut-être les auteurs chinois; fourniront quelques matériaux pour la géographie de l'Inde pendant le moyen age.

Monumens d'architecture. Ces monumens peuvent être envisagés sous le double point de vue de l'historien et de l'artiste. C'est comme ouvrages de l'art qu'ils ont particulièrement excité la curiosité des amateurs. Les voyageurs ont été frappés d'étonnement, en voyant ces temples souterrains dont les colonnes soutiennent des montagnes; ces chapelles *monolithes* façonnées sur la place même, et attachées encore à la roche maternelle qui leur sert de base; ces flancs de rochers taillés régulièrement, pour être peuplés de groupes gigantesques qui représentent les merveilles de la mythologie. Tout le monde connaît les recueils de gravures magnifiques publiés par des artistes anglais. Beaucoup de livres d'un intérêt plus général, comme l'histoire de Java par Sir Th. St. Raffles, celle de Râjasthâna par le Col. Tod, sont aussi ornés de dessins d'édifices anciens et modernes. Les artistes visent naturellement à l'effet pittoresque; d'ailleurs il y a un plaisir mélancolique à contempler des ruines, surtout lorsqu'elles sont à demi cachées par des plantes parasites, et que la nature toujours vivante et productive a repris son ascendant sur l'œuvre de l'homme. La pensée se dirige vers la fragilité des destinées humaines, vers ces générations qui se remplacent et qui, malgré tous leurs efforts, ne peuvent parvenir à laisser sur la terre une trace durable de leur existence. Tel spectateur est ravi à la vue d'un édifice en décombres, dont le goût peut-être n'eût pas été satisfait, s'il avait pu le voir debout dans sa splendeur primitive. Mais l'architecte ou l'historien de l'art ne s'arrête pas à l'état actuel; il tâche de pénétrer le plan de l'ouvrage, d'apprécier le développement des arts mécaniques employés à l'exécution; et le degré de perfection que les nations ont atteint à chaque époque. Il faut donc essayer des restaurations: il faut reproduire, autant que cela est possible, ce que le temps a défait. Des dessins pittoresques où l'architecture souvent n'est que l'accessoire d'un paysage, ne suffisent pas. Pour devenir vraiment instructifs, de tels dessins doivent être accompagnés de mesures exactes, de plans, d'élevations, de façades, de profils et de coupes. Avouons que jusqu'à présent l'architecture des Egyptiens a été traitée plus savamment que celle des Indiens. Je n'entre pas ici dans un parallèle de l'une et de l'autre, ni dans une discussion sur les principes de la belle architecture. Je dirai seulement que nulle part un goût exclusif n'est plus déplacé. Il y a certaines règles fondamentales dont la violation décèle toujours la barbarie; mais au reste les styles le plus diversement caractérisés peuvent avoir droit à une égale admiration. Tantôt c'est la chaste élégance, la simplicité majestueuse qui nous charme; tantôt la profusion d'ornemens variés, capricieux même, mais toujours subordonnés à l'harmonie de l'ensemble. Puisque l'Europe moderne est stérile en conceptions originales, et qu'en fait d'architecture nous sommes éclectiques par nécessité, soyons au moins imitateurs cosmopolites.

L'idée d'une antiquité incalculable entoure les ruines les plus effacées d'un certain prestige qui plaît à l'imagination. L'opinion générale assigne peut-être un rang plus élevé aux monumens de l'Egypte qu'à ceux de l'Inde, uniquement parce que l'antiquité de ces derniers est plus contestable. Si Hérodote n'avait pas décrit en détail les pyramides, le labyrinthe et les temples les plus remarquables de l'Egypte, il se trouverait probablement des *Modernistes*, qui voudraient faire bâtir tout cela sous les empereurs romains et byzantins. Je ne vois en effet aucune raison qui dût nous empêcher d'admettre que les Indiens ayent cultivé l'architecture aussi anciennement que les Egyptiens. Au contraire, l'analogie générale est favorable à cette supposition. Les peuples nomades ne sauraient avoir l'idée de construire des édifices durables; mais nous voyons par l'exemple des Grecs du temps d'Homère, des Babyloniens, des Perses, des Etrusques, que les peuples agricoles, dans un état de civilisation encore très-imparfait, ont déjà cultivé l'architecture, non seulement en exécutant des travaux d'utilité publique, mais aussi en érigeant des édifices destinés à augmenter la dignité du culte, ou à étaler la magnificence du gouvernement. Mais il ne s'ensuit pas que les monumens de l'Inde, dont les ruines subsistent encore, soyent aussi anciens que ceux de l'Egypte. Le climat de la vallée du Nil est extrêmement favorable à la conservation des édifices. La sécheresse de l'air durcit les pierres; les tremblemens de terre y sont fort rares; il n'y a ni saison pluvieuse, ni pluie; la végétation s'arrête donc au limites de l'inondation du Nil: hors de là elle n'est que faiblement alimentée par la rosée. Sir Th. St. Raffles remarque la rapidité avec laquelle les monumens de l'île de Java se degradent par la fécondité désordonnée de la nature végétale. Les plantes y poussent leurs racines dans les moindres interstices, et finissent par faire crouler les murs, les voûtes et les plafonds. Les temples de Java cependant n'ont été abandonnés que depuis l'introduction du Mahométisme, vers la fin du quinzième siècle; quelques siècles encore, et il n'en restera plus que des décombres informes. Je suis porté à croire que les architectes de l'Inde méridionale ont cherché si souvent un refuge dans le sein des rochers, précisément à cause des dangers, auxquels un édifice en plein air, quelque solidement qu'il soit construit en pierres de taille, est exposé dans ce climat. La plus ancienne description d'un temple souterrain, est celle de Bardesanès; cet auteur était contemporain de l'empereur Antonin, surnommé Eliogabale: son témoignage ne remonte donc qu'au commencement du troisième siècle de notre ère.

Dans la portion de l'Inde la plus anciennement cultivée, dans les plaines arrosées par le Gange, à cause du grand éloignement des carrières, on aura bâti en briques comme à Babylone, et de tels matériaux ne résistent guère au temps.

Les monumens d'architecture forment, pour ainsi dire, une histoire figurée des religions qui ont successivement été dominantes dans diverses parties de l'Inde. Les Brahmanes, les Bouddhistes et les Jaïnas ont adopté un style différent pour les édifices consacrés à leurs cultes respectifs; ensuite les conquérans mahométans ont déployé l'élégance la plus recherchée de l'architecture moresque. Les statues colossales entièrement nues, que l'on attribue aux Jaïnas, m'avaient donné une idée défavorable de leur goût. Mais leurs anciens temples ont de quoi plaire par une certaine originalité fantasque*).

La sculpture ancienne des Indiens a été traitée avec bien moins de soin et d'égard que leur architecture. Les temples sont en général remplis d'une multitude de figures sculptées: des statues sont adossées aux piliers, assises autour des chapiteaux, ou placées dans des niches; les parois à l'intérieur et à l'extérieur sont couverts de reliefs. Dans des vues d'un édifice en ruines ces détails sont perdus, par la nécessité de réduire les dimensions, ou sacrifiés à l'effet pittoresque. Des groupes intéressans sont montrés en raccourci, ou rejetés dans le lointain ou à l'ombre, ou cachés par les objets intermédiaires, et aperçus seulement par échappées de vue. Dans les dessins où les sculptures sont représentées séparément, les graveurs anglais ont souvent voulu embellir et flatter le goût de leurs compatriotes: ils ont effacé le caractère et la physiognomie nationale. Des voyageurs, peu exercés au dessin, ont tracé à la hâte des esquisses, qui auraient dû rester dans leur portefeuille, ne méritant pas les honneurs de la gravure, ni même de la lithographie;

---

*) Le colonel Tod dans son intéressant ouvrage, a donné deux gravures d'anciens temples des Jaïnas. Le lieutenant colonel Hunter Blair m'a montré plusieurs dessins d'édifices appartenant au même culte. Ce sont des découvertes infiniment curieuses.

et qui néanmoins ont été insérés dans des descriptions de voyages et dans les mémoires des sociétés asiatiques. Les musées et les collections formées par des particuliers, ne contiennent pour la plupart que de petits objets de sculpture indienne, et très-peu de morceaux d'une certaine grandeur, qui ayent appartenu aux monumens publics du culte. Parmi les petites idoles en bronze, j'en ai vu plusieurs d'un mérite considérable. Feu M. *Denon* possédait un Vishnou, dont il admirait avec raison le fini et le dessin moëlleux. Il est à présumer que ces idoles sont des copies réduites des statues qu'on adorait dans les temples principaux. D'autres sont informes, et visiblement fabriqués par des ouvriers ignorans, pour la dévotion journalière du menu peuple. Mais pense-t-on que ces petits Dieux Lares, auxquels la rustique Phidyle d'Horace offrait quelques grains de blé et de sel, ayent eu meilleure façon? Que dirait-on, si des connaisseurs asiatiques s'arrogeaient le droit de juger les progrès des beaux-arts en Europe d'après les images de saints, qui se vendent aux paysans dans nos foires?

En sculpture, les dimensions sont fort essentielles; les figures colossales sont la pierre de touche du savoir des artistes. Nous autres Européens qui n'avons pas visité l'Asie, nous ne pourrons juger en connaissance de cause, que lorsqu'on aura moulé en plâtre quelques-uns des grands morceaux les mieux conservés dans les temples les plus célèbres de l'Inde. Cela n'entraînerait pas des frais exorbitans; on a fait bien davantage pour les monumens égyptiens. Les antiquaires, je n'en doute pas, rejetteront avec dédain l'idée d'une comparaison entre la sculpture de ces deux nations. Je n'ai garde de les contredire, s'ils professent un profond respect, de l'admiration même, pour la sculpture des Egyptiens; je les invite seulement à suspendre leur jugement, aussi long-temps que celle des Indiens leur sera si imparfaitement connue.

Je terminerai cet article par quelques observations sur le *style hiératique*. La sculpture est née du polythéisme. Dans l'origine elle a été exercée pour fournir des objets visibles au culte; chez plusieurs nations elle est restée toujours asservie au sacerdoce. Cette alliance de l'art avec la religion fut utile aux artistes pour acquérir de l'expérience dans la partie mécanique, par les grands travaux qu'exigeait la magnificence des temples; mais elle entrava ensuite le développement intellectuel. La figure sous laquelle les dieux furent adorés, avait été fixée dans l'enfance de l'art. L'imagination eut recours à l'allégorie, pour s'élever, dans l'anthropomorphisme même, au-dessus de l'humanité. Les bras multipliés exprimaient la puissance; des aîles, agencées aux épaules, la rapidité; on fit un mélange monstrueux de la figure humaine avec des têtes ou autres parties empruntées à certaines espèces d'animaux. D'ailleurs on donna à quelques divinités un air menaçant, pour inspirer l'épouvante aux méchans. Enfin l'on ne saurait imaginer rien de si hideux, de si difforme, de si ridicule même, qui n'ait été

adoré par quelque peuple polythéiste. Il ne faut
pas s'étonner que des nations spirituelles, qui pos-
sédaient déjà une belle poésie, ne s'en soyent pas
choquées: car dès qu'un objet est sanctifié, la
juridiction du goût ne s'y étend plus. Les prêtres doivent déclarer que la religion, dont ils
sont les hiérophantes, est en tout point immuable.
Ceux de l'Egypte affirmaient, d'après le témoignage de Platon, que leurs divinités avaient été
peintes et sculptées depuis dix mille ans selon le
même type. Cela ne doit pas être pris à la lettre: mais au moins on ne souffrait aucun chan-
gement brusque, aucune déviation apparente; les
perfectionnemens de l'art furent introduits, pour
ainsi dire, à la dérobée. Les artistes égyptiens
ont approfondi la science des proportions, ils ont
indiqué correctement les muscles, mais dans la
roideur des attitudes le style hiératique s'est toujours maintenu.

La sculpture des Grecs aussi est restée stationnaire pendant des siècles, parce qu'elle n'était
pas libre; elle a pris son noble essor par une
double émancipation. Des génies hardis ont d'a-
bord secoué le joug des prêtres, et ensuite celui
des poètes, en violant le costume homérique, et
en modifiant la mythologie selon les besoins de
l'art.

Si l'on veut donc juger avec équité les monumens de sculpture indienne, il ne faut jamais
oublier qu'ils appartiennent tous au style hiératique. Quels progrès les anciens sculpteurs, employés par les Brahmanes, ont ils fait, malgré la

gêne que leur imposait la superstition? Voilà la question. La correction du dessin, l'entente du mouvement musculaire, ne saurait être examinée que sur les grands originaux. Je pense qu'ils ont mis beaucoup d'expression dans les groupes passionnés, et quelquefois de la grace dans les attitudes paisibles.

J'ai envisagé les monumens d'architecture et de sculpture sous le point de vue de l'art; mais les temples et les sujets mythologiques, sont bien plus importans encore pour l'histoire des cultes; et sous ce rapport les problèmes qui restent à résoudre, pourront suffisamment exercer la sagacité des savans.

L'histoire naturelle n'est pas du domaine de la philologie, elle a pourtant quelques points de contact avec la connaissance de la littérature sanscrite. La botanique a été cultivée avec prédilection; les noms sanscrits d'un grand nombre de plantes ont été constatés, ce qui sera fort utile à l'intelligence des livres de médecine. Il n'en est pas de même de la zoologie; je doute que toutes les espèces d'oiseaux et de quadrupèdes qui portent des noms particuliers dans la langue classique, ayent été vérifiées. La *minéralogie* et la *géologie*, long-temps négligées, ont enfin excité la curiosité des amateurs de ces sciences: le dernier volume des Recherches Asiatiques en fait foi.

Les anciens Indiens n'ont jamais été de savans naturalistes. Mais les traditions populaires ne sont pas toujours à dédaigner; elles peuvent être fondées sur des faits, quoiqu'en partie défigurés par le goût du merveilleux. Tel passage d'un ancien poète pourra mettre un naturaliste sur la trace d'une découverte à faire.

Je termine ici ces reflexions, déjà trop long-temps continuées. En traçant un vaste plan pour les travaux d'autrui, je ne dois pas oublier ceux que j'ai entrepris moi-même. Si je les négligeais, je serai d'autant moins excusable, qu'ayant le bonheur de servir un gouvernement qui encourage tous les progrès de la science, quelqu'éloignés qu'ils soyent d'une application immédiate, je jouis de ce loisir littéraire, que je souhaite à vos futurs académiciens. Je ne me flatte pas d'avoir épuisé mon sujet, je ne l'ai pas même essayé; mais je crains bien d'avoir abusé de votre patience. Vous me le pardonnerez en faveur de mon zèle désinteressé. Veuillez agréer, *my dear Sir*, l'hommage de mon admiration, et de mon dévouement respectueux.

LETTRE

à

M. HORACE HAYMAN WILSON,

ANCIEN SECRÉTAIRE DE LA SOCIÉTÉ ASIATIQUE À CALCUTTA,
ÉLU PROFESSEUR À L'UNIVERSITÉ D'OXFORD.

Monsieur,

En lisant votre *Mémoire concernant la littérature sanscrite en Angleterre* *), j'ai éprouvé, je l'avoue, une sensation pénible. Depuis nombre d'années j'avais eu l'avantage d'entretenir avec vous des relations littéraires. Je m'étais mis en devoir de vous envoyer tout ce que je publiais en fait de littérature sanscrite, et de votre côté, vous m'aviez fait l'honneur de citer quelquefois ma Bibliothèque Indienne. J'ai consacré dans cet ouvrage périodique un article fort étendu à votre Dictionnaire, et si j'ai été conduit à le critiquer sous quelques rapports, je l'ai fait, j'espère, avec tous les égards que les savans se doivent mutuellement. Tout à coup je me vois attaqué par vous, et avec une hostilité des plus acharnées. Toutefois, j'ai trouvé

---

*) Voyez l'APPENDICE sous la lettre F.

un adoucissement à mon chagrin dans la généralité de votre sentence de condamnation. Je me vois au moins en bonne compagnie: enveloppé dans la même disgrace avec MM. *de Chézy, Bopp, W. de Humboldt, Eugène Burnouf, Lassen, Rosen, Loiseleur Deslongchamps, Rückert, Ewald,* etc., je partage volontiers le sort de tant d'hommes de mérite. Vous déclarez que tous les Indianistes du Continent sont des ignorans, qui connaissent à peine les rudimens de la grammaire; et ce qui est pire, que ce sont des ignorans présomptueux qui, n'étant que des écoliers, se sont érigés en maîtres et ont entrepris des travaux au-dessus de leurs forces. Vous ne leur faites pas ce dernier reproche expressément, mais c'est la conséquence immédiate de votre assertion.

La plus grande franchise dans les jugemens littéraires est non seulement de droit, elle est fort avantageuse aux progrès des sciences. Néanmoins, lorsqu'on croit devoir prononcer une sentence rigoureuse, il paraît équitable de la motiver, et de la faire précéder d'un examen détaillé. C'est particulièrement le cas, quand il s'agit d'un genre d'érudition, cultivé par un très-petit nombre de personnes: où par conséquent la masse des lecteurs peut se laisser imposer par l'autorité d'un nom. Vous ne vous étes pas borné à blâmer tel ou tel ouvrage; vous dépréciez indistinctement tous les travaux des Indianistes du Continent; encore votre dédain ne s'arrête pas là: il s'adresse directement aux auteurs de ces travaux. Vous prononcez vos arrêts comme du haut du trépied, et jamais oracle plus foudroyant n'est sorti même de la grotte souterraine de Trophonius.

Vous direz peut-être, Monsieur, que l'on n'est pas en droit de vous demander compte d'une lettre confidentielle. Mais votre Mémoire était destiné à être mis sous les yeux de tous les membres de la Convocation d'Oxford; le feu Evêque de Calcutta a recommandé de le faire circuler le plus largement possible. Ce Mémoire doit donc être considéré comme un imprimé, livré au public; et en lui donnant une plus grande publicité par ma réimpression, je ne crois pas commettre une indiscrétion. Je ne veux point supposer que votre intention ait été de donner aux membres de cette célèbre Université une idée défavorable des Indianistes du Continent, sans que ceux-ci, dont la réputation y périclite, en eussent rien appris. Ce serait faire tort à votre délicatesse.

Les statuts de l'ordre de Marie Thérèse portent, qu'un militaire qui veut devenir chevalier, doit citer ses faits d'armes, et produire des témoins. Je vois que le même usage est établi à l'égard des candidats qui ambitionnent une chaire à Oxford. Pour un savant modeste c'est assurément une fâcheuse nécessité de devoir parler de soi, et vanter ou faire vanter son propre mérite. Mais dans votre position, Monsieur, ne pouviez vous pas éviter de le faire aux dépens d'autrui? Il me semble que vos titres étaient assez valables sans cela. Tout cet alinéa qui nous concerne, est un épisode, un hors-d'œuvre dans un projet d'enseignement. Vous commencez par poser en principe que c'est une qualité indispensable dans le premier professeur de langue sanscrite, d'en avoir acquis la connaissance dans l'Inde. N'aurait-il pas été à propos de placer ici en marge un signe typographique, usité dans les vieux livres, et servant à diriger l'attention vers un point principal: c'est à dire, une petite main avec le doigt indicateur étendu? Que de concurrens exclus par l'admission de votre principe! Vous avez craint apparemment que les électeurs pourraient bien appeler à cette chaire quelque étranger. Sous ce rapport vous pouviez être tranquille. Pour ma part, je puis vous assurer qu'on n'a pas pensé à moi, et que je n'y ai pas pensé non plus. Si j'avais pu avoir quelque influence sur cette élection, je l'aurais employée tout entière en faveur de M. Haughton, par les motifs développés dans une lettre que je lui ai adressée, et qu'il a fait imprimer parmi tant d'autres témoignages honorables que des savans distingués lui ont donnés.

Le reste de cet alinéa est destiné à prouver votre principe; mais la démonstration est peu satisfaisante. Quand même on vous accorderait que tous les Indianistes du Continent actuellement existans „sont incapables de communiquer des no-„tions complètes et exactes de la littérature clas-„sique des Hindous, de leur poésie, de leur mytho-„logie, et de leur science“: s'ensuit-il qu'un Anglais, un Français ou un Allemand ne puisse pas acquérir ces connaissances sans quitter l'Europe? Cela aurait pu se soutenir il y a trente ans, mais aujourd'hui tout est changé. Les livres imprimés où l'on peut puiser une partie de ces connaissances, sont à notre disposition; il existe aussi à Londres et à Paris de riches dépôts de manuscrits; la seule chose dont il faille se passer, quand on n'a pas de vocation pour aller aux grandes Indes, ce sont les leçons des savans indigènes. Or, quelque utiles que puissent être, sous plusieurs rapports, leurs communications orales, on sait de reste qu'il faut les recevoir avec une grande circonspection. Dès qu'il s'agit de s'élever à des considérations générales, et d'assigner à l'Inde ancienne sa place dans une histoire philosophique du genre humain, nous ne consulterons plus les Pandits, parce que les points de comparaison leur manquent. Le siège de la critique historique et philologique est en Europe; nous avons vu des exemples qu'on la perd facilement de vue en Asie. Feu M. Alexandre Hamilton, qui fut en effet le premier professeur de langue sanscrite en Angleterre, remplissait la condition d'avoir acquis ses connaissances dans l'Inde. Il en possédait d'assez étendues en fait de bibliographie, comme le prouve son catalogue de la Bibliothèque royale à Paris. Mais son édition du Hitôpadêsa et son analyse des premières pages de ce livre, décèlent sa faiblesse dans la partie élémentaire, que vous dédaignez si fort, et qui est pourtant la base de tout le reste.

Puisque vous m'avez fait l'honneur de parler de mes travaux, permettez-moi d'en dire aussi quelques mots de mon côté. Vous dites „*que je*

„*ne me suis pas hasardé* à rien traduire qui n'eût „été traduit auparavant par des savans anglais." — Par ma Comparaison de quelques passages du Hitôpadêsa dans les deux traductions existantes (voyez l'Appendice sous la lettre D) vous pourrez vous convaincre que je me hasarde à traduire tout autrement que mes prédécesseurs, et des prédécesseurs célèbres, ce qui, à mon avis, est bien plus aventureux que de traduire ce qui ne l'a point encore été. — Au reste je suis très-disposé, Monsieur, à profiter des lumières de mes devanciers. Dans une entreprise ardue l'on ne saurait s'entourer de trop de secours. Je n'ai pas eu la prétention de mettre au jour quelque chose d'entièrement neuf, et de passer d'abord aux problèmes les plus abstrus de la littérature sanscrite. J'ai pensé qu'il fallait marcher pas à pas, et que ce qu'il y avait de plus utile à faire pour le moment, c'était de donner des éditions correctes de quelques ouvrages importans et fondamentaux, qui cependant ne fussent pas trop difficiles. J'ai choisi à cet effet la Bhagavad-Gîtâ, le Râmâyana et le Hitôpadêsa. Jusqu'ici je n'ai pu faire paraître que ma traduction du premier de ces livres. Dans la préface j'ai rendu justice à celle de M. Wilkins. Mais à parler exactement: ce poème si remarquable était-il traduit en entier? M. Wilkins avait laissé en sanscrit beaucoup de termes de métaphysique, que j'ai essayé de rendre en latin. Mon attention était dirigée principalement vers la correction du texte. J'ai corrigé, d'après les manuscrits, les fautes de l'édition de

Calcutta qui sont au nombre de plus de soixante dans un poème de sept cent distiques. Il m'est échappé aussi quelques erreurs: je les corrigerai dans une seconde édition que je prépare. Heureusement le texte de ce livre révéré ayant été conservé avec des soins scrupuleux, est d'une rare pureté et authenticité; il n'y avait pas lieu à la critique conjecturale. Un seul passage à la fin du poème m'a paru exiger une émendation. M. Bopp, dans le Journal des Savans de Gœttingue en réconnut d'abord la justesse. La corruption est si ancienne que le commentateur Srîdhara-Svâmin a déjà eu sous les yeux la leçon vicieuse, qu'il s'efforce vainement de justifier. La plupart des manuscrits la donnent également. J'ai cependant retrouvé mon émendation dans deux manuscrits, dont l'un, provenant du Népal, est conservé dans la bibliothèque de la Compagnie des Indes Orientales, l'autre est en ma possession. Vous pourrez voir quelques autres exemples de conjectures autorisées par des manuscrits, dans les notes que M. Haughton a jointes à son édition de la Loi de Manou (p. 334, 339 et 340) dans celle de M. Loiseleur Deslongchamps (p. 366) et dans la seconde édition de l'épisode de Nalus par M. Bopp (p. 220). Dans la philologie classique, lorsque des émendations, proposées par conjecture, sont confirmées par des manuscrits collationnés postérieurement, on regarde cela comme une preuve de familiarité avec le génie de la langue et le style des auteurs. N'accorderiez-vous pas la même faveur aux Indianistes?

Apparemment, Monsieur, vous envisagez les devoirs d'un éditeur de textes sanscrits tout autrement que moi. Je pense qu'il faut y appliquer dans toute leur rigueur les principes de la critique philologique. Je ne fais rien imprimer sans l'avoir examiné à plusieurs reprises, avec toute l'attention dont je suis capable; je pèse, pour ainsi dire, chaque mot et chaque syllabe. Je ne néglige aucun manuscrit auquel je puis avoir accès, quoique l'expérience ne m'ait que trop bien appris, que la plupart ont été faits par des copistes ignorans, qui ne comprenaient pas ce qu'ils écrivaient. Quelquefois un manuscrit très-fautif fournit un secours inattendu, et la diversité des fautes même peut mettre sur la trace de la vraie leçon. Il y a des corrections tellement évidentes, qu'on peut les mettre hardiment dans le texte; celles qui sont moins sures, peuvent être reservées pour les notes; et quand on n'a rien de plausible à proposer, il faut au moins marquer le passage comme suspect. Dans l'ancienne poésie épique on rencontre parfois des inflexions, des formes dérivatives et des constructions qui semblent être contraires aux règles de la grammaire: mais avant de les rejeter, il faut examiner si ce ne sont pas des licences, des archaïsmes, autorisés par les grammairiens et les scoliastes, sous le nom *ârsha*, c'est à dire *l'usage des anciens sages.*

Dans la préface de mon Râmâyana j'ai rendu un compte général de mon travail de critique sur ce poème. Dans le commentaire du Hitòpadèsa que j'ai publié conjointement avec M. *Lassen*, celui-ci s'est chargé de la tâche laborieuse de citer toutes les variantes, de développer les motifs de notre choix et de nos émendations, enfin d'éclaircir les phrases obscures ou douteuses par des passages parallèles. Il a marqué aussi nos erreurs: nous jouons à jeu découvert. De tels développemens ne seraient pas toujours praticables, mais nous avons pensé qu'il était utile d'en donner une fois l'exemple.

Voilà la route que M. Colebrooke a tracée le premier pour la philologie sanscrite. Parmi vos compatriotes M. Haughton est le seul, à ma connaissance, qui ait marché sur ses traces. Chez les Indianistes du Continent ces principes sont généralement réconnus, quoique l'application n'en soit pas toujours également heureuse.

Vous au contraire, Monsieur, habitué comme vous l'étes à commander le travail subalterne des Pandits, vous ne semblez guère avoir médité sur la nécessité de ces minuties; vous les croyez peut-être au dessous de la dignité d'un homme qui, par son vaste savoir, embrasse toute la littérature sanscrite. Quant à moi, j'aimerais mieux passer pour un éplucheur de syllabes, que de gâter par ma négligence des textes importans, de précieux monumens de l'antiquité.

Le seul ouvrage sanscrit, imprimé en entier, qui porte votre nom comme éditeur, est le *Méghadoúta*. Mais ici l'original n'est qu'un accessoire de votre imitation libre en vers rimés. Dans vos notes vous relevez le mérite poétique de ce petit morceau gracieux, vous rendez sensible la propriété des images par la description des phénomènes naturels sous le ciel de l'Inde, vous expliquez les allusions géographiques et mythologiques, enfin vous citez des passages analogues des poètes classiques et anglais. Mais vous ne vous étes pas engagé dans l'analyse de ces constructions tortueuses, de ces longs mots composés, qui peuvent arrêter un lecteur assez exercé. Vous avez procuré une jouissance aux amateurs de la poésie descriptive, mais vous n'avez nullement facilité l'intelligence de l'original. Votre étude du Mêghadoûta n'a pas non plus profité à votre dictionnaire, publié six ans plus tard : beaucoup de termes dont le poète se sert, y sont omis. Vous traduisez (strophe 48) *indranîla* par *saphir*. C'est la vraie signification, le nom même l'indique. Comment se fait-il que cette même pierre *indranîla*, dans votre dictionnaire, soit devenue une *émeraude?* Vous citez à tort l'autorité de Hémachandra : cette fois-ci votre Pandit a lu bien négligemment le lexicographe.

Le Nuage Messager de Câlidâsa, ayant été l'objet d'une admiration peut-être excessive, a trouvé de nombreux commentateurs, dont vous pouviez consulter les explications. Je présume que le soin de l'impression a été confié à *Bâbou-Râma,* à ce Pandit, employé autrefois par M. Colebrooke, qui sur le titre de ses éditions se nomme naïvement *l'ingénieux Bâbou-Râma.* Au moins on y réconnaît son orthographe toute particulière, les mots enchevêtrés par la transformation inutile du *visarga* en sifflante devant les sifflantes, et de l'*anusvára* final en la nasale qui correspond à la consonne suivante. Cependant je vous préviens qu'il s'est glissé, aussi-bien dans le poème que dans les vers sanscrits cités par vous, plusieurs fautes qui ne sont pas indiquées dans l'errata. Deux points de trop dans la seconde ligne de la deuxième strophe dérangent toute une construction. Le vague de votre traduction versifiée ne permet pas toujours de démêler jusqu'à quel point vous avez saisi la pensée du poète; mais les passages en petit nombre que vous avez traduits littéralement en prose, ne sont pas exempts de méprises. Vous dites (p. 44) que *le nuage est d'un rouge foncé, par le reflèt des roses de la Chine, abondantes en cette saison.* Demandez aux opticiens, si cela est possible. Toutes les roses de Pestum et de la vallée de Jéricho n'y suffiraient pas. Aussi Câlidàsa ne s'est-il pas rendu coupable d'une pareille exagération. Il dit que le nuage reçoit le reflèt du soleil couchant, coloré comme les roses de cette espèce, fraîchement écloses.

सांध्यं तेन: प्रतिनवबलापुष्परक्तं दधान: ।

C'est un phénomène que les poètes de tous les pays, à commencer par Homère, ont décrit mille fois.

Mais il y aurait des erreurs plus graves dans votre édition, publiée en 1813, que la date les excuserait. Je prendrai pour mesure de votre manière d'entendre la critique et l'interprétation des textes, l'Essai sur l'histoire sanscrite de Cachemire, imprimé en 1825 dans le XV. Vol. des Recherches Asiatiques. Cet ouvrage, dont on doit la première connaissance à l'extrait d'Aboulfazel, avait depuis long-temps attiré l'attention des savans. Quelle qu'en soit la valeur intrinsèque, il est fort curieux, parce qu'il est unique en son genre. La première partie, la *Rája - Taringini* (ou plutôt *Tarangini?*) qui remonte jusqu'aux temps héroïques, et dont l'auteur, écrivant au milieu du douzième siècle de notre ère, assure avoir suivi des autorités plus anciennes, doit être la plus intéressante, et vous auriez rendu un grand service à ceux qui s'occupent de recherches sur l'histoire ancienne de l'Asie, en publiant l'original en entier. Mais vous avez jugé cela impraticable, parce que les trois manuscrits que vous aviez entre vos mains, sont tous très-fautifs. Outre ces copies vous étiez cependant en possession de plusieurs ouvrages persans, contenant des traductions ou des extraits de l'histoire de Cachemire, qui, malgré leur inexactitude, comme vous le remarquez vous même, peuvent quelquefois servir à constater les leçons de l'original. En vous laissant décourager si vite, vous avez manqué une belle occasion de faire briller votre sagacité. C'est précisément le triomphe d'un critique consommé dans son art, de savoir rétablir un texte tolérablement correct avec des matériaux défectueux.

Les vers peu nombreux que vous avez donnés en original, fourmillent en effet de fausses leçons. J'ignore si elles se trouvent toutes dans tous vos manuscrits, ou si elles se sont introduites pendant l'impression exécutée sous vos yeux. La dernière supposition serait encore moins favorable à l'éditeur que la première. Plusieurs de ces fautes sont palpables, et la correction eût été très-facile. Néanmoins vous n'en avez proposé aucune; vous n'avez pas seulement averti vos lecteurs que le passage est corrompu; sans votre déclaration préalable sur la qualité des manuscrits, on pourrait croire que vous ne vous en êtes par aperçu.

Examinons quelques-uns de ces vers défigurés, et voyons si nous ne pourront pas les rehabiliter jusqu'à un certain point sans le secours des manuscrits. — P. 114:

तस्मिन्नसवरे बौद्धाऽपि प्रज्वलितं ययुः ।

Le न् final du pronom devait être doublé, parce qu'il est précédé d'une voyelle brève et suivi d'une autre voyelle; असवर est un mot inouï, il faut transposer les lettres: अवसर; le nom des Bouddhistes est doublement corrompu: il y a un ब au lieu d'un ब, et dans la seconde syllabe un व de trop. Le second hémistiche n'a que sept syllabes; cela vient de ce que vous avez élidé mal à propos l'A initial de la particule: les règles de la grammaire, aussi bien que celles de la versification, en exigent le rétablissement. प्रज्वलितं est au moins un mot suspect, dont il faudrait prouver la réalité par des exemples authentiques. Il faut lire sans doute प्रबलतां; c'est le substantif abstrait, régulièrement dérivé de l'adjectif प्रबल qui se trouvé marqué dans votre dictionnaire. Voilà six fautes dans un seul vers, qui doit être lu ainsi:

तस्मिन्नवसरे बौद्धा अपि प्रबलतां ययुः ।

Votre traduction n'est pas exacte: „*In that time „the Bauddhas maintained the ascendancy.*" Vous n'avez pas saisi la force de la particule; le verbe aussi marque un mouvement, un progrès. L'historien dit: „à cette époque les Bouddhistes parvin„rent encore davantage à la supériorité."

Dans le distique suivant vous avez décliné क्रिया au masculin, ce qui est impossible:

क्रियान्नीलपुरापोक्कानच्छिद्नागमद्विष:

Il faut mettre ou l'accusatif du singulier, ou le véritable accusatif du pluriel:

क्रिया नीलपुरापोक्का अच्छिद्नागमद्विष: ।

Le concours de voyelles dans la césure qui en résulte, n'a rien d'irrégulier. Il en est comme dans le premier vers, tel que je l'ai rétabli. D'après une règle générale la synalèphe n'a pas lieu, lorsqu'un *visarga* a été élagué. P. 110:

ते तुरुष्कान्वयोद्भूता ऽ पि पुण्याश्रया नृपा: ।

शुष्कक्षेत्रादिदेशेषु मठचैत्यादि चक्रिरे ॥

प्राच्ये राज्यत्तपो तेषां प्रायकश्मीरमपउलं ।

भोड्यमास्ते सबौद्धानां प्रव्रज्योर्जिततत्रसां ॥

ततो भगवत: शाक्यसिंहस्य पुरनिर्वृते ।

अस्मिन् सहलोकधातौ सार्द्धं वर्षशतं क्रमात् ॥

बोधिसत्त्वश्च देशे ऽ स्मिन्नेकभूमीश्वरो ऽ भूत् ।

स च नागार्जुन: श्रीमान् षउहत्त्वनसंश्रयी ॥

Parmi les huit vers cités, il y en a deux de mutilés. Dans le premier il faut rétablir अपि au lieu de ऽपि, par les mêmes raisons qui s'appliquent aux deux passages précédens; dans le septième, où l'élision de l'A initial est régulière, il faut mettre l'imparfait ऽभवत् au lieu de l'aoriste ऽभूत्. Je crois qu'on peut laisser passer le premier

vers du second distique, en admettant que le style
de l'auteur n'était pas tout-à-fait classique. Dans
le vers suivant, au lieu de स nous écrirons स्म,
particule qui communique au présent du verbe
précédent la signification du prétérit; et nous ré-
tabliront le nom des Bouddhistes, corrompu en
बौद्धानां au lieu de बोद्धानां. Dans le premier vers du
troisième distique vous trouvez nécessaire de changer पुर en परि. Un prêtre Barmane doit être bon
juge des termes théologiques du Bouddhisme; si
celui que vous avez consulté, n'avait pas rejeté la
leçon du texte, j'aurais cru quelle pouvait se soutenir. Parmi les significations de पुर vous donnez
dans votre Dictionnaire celle de *corps*; ainsi पुर निर्वृति
serait la délivrance de l'ame du corps terrestre.
— „The term *puranirvrité* should be *parinirvrité*,
„the sixth case of *parinirvriti.*“ Le sixième cas
ou le génitif prend un *visarga*; il fallait donc
écrire dans la note et dans le texte: *parinirvritéh,*
परि निर्वृते: । — Ensuite, comment voulez-vous faire
entrer le génitif dans la construction? Elle exige
l'ablatif, qui s'employe ici comme l'ablatif latin
avec la préposition *ab*. Dans cette déclinaison
en effet ces deux cas ne se distinguent pas par
la forme: c'est ce qui vous a fait prendre le
change. Le premier hémistiche du vers suivant
semble avoir besoin d'un remède que je ne sais
pas lui administrer. P. 97.

अष्टषष्ट्यधिकामब्दशतद्वाविंशतिं नृपाः ।

अपीपलंस्ते काश्मीरान् गोनर्दाद्याः कलौ युगे ॥

भारतं द्वापरांते भृद्वान्नियेति विमोक्षिताः ।

केचिदेतां मृषा तेषां कालसंख्यां प्रचक्रिरे ॥

लब्धाधिपत्यसंख्यानां वर्षान् संख्याय भूभुजां ।
भुक्ताक्कालात्कलेः शेषो नास्त्येवं तद्विवर्जितात् ॥
शतेषु षट्सु सार्धेषु अधिकेषु च भूतले ।
कलेर्गतेषु वर्षाणामभवन् कुरुपांडवाः ॥
लौकिकेब्दे चतुर्विंशो शाककालस्य सांप्रतं ।
सप्त्यात्यधिकं यातं सहस्रं परिवत्सराः ॥
प्रायस्तृतीयगोनर्दादारभ्य शारदान्तदा ।
द्वे सहस्रे गते त्रिंशाद्धिकश्च शातत्रयं ॥
वर्षाणां द्वादशाशती षष्टिः षट्भिश्च संयुता ।
भूभुजां कालसंख्यायां तद्द्वापंचाशतो मता ॥
ऋक्तांद्रं शतेनाद्वैर्यात्सु चित्रशिखंडिषु ।
उच्चारे संहिताकारैरेवं दत्तोत्र निर्णयः ॥
आसन्मघासु मुनयः शासति पृथ्वीं युधिष्ठिरे नृपतौ ।
षट्द्विकपंचद्वियुतः शाककालस्तस्य राज्यस्य ॥

Ce passage est fort important, parce que l'auteur y expose son système chronologique; mais il est assez compliqué. A la fin du troisième distique vous traduisez तद्विवर्जितात् par: „*abandoning that computation.*" Ces mots ne peuvent pas signifier cela; d'ailleurs ce serait un enjambement. Le mot विवर्जित qui ne se trouve pas dans votre Dictionnaire, s'employe souvent de la soustraction. Si on garde l'ablatif, il faut le joindre avec काल et le pronom se rapporterait à कलि. Mais si on le met au nominatif, ce que je crois préférable, तद्विवर्जितः, il serait l'épithète de शेषः, et alors on pourrait rapporter le pronom au mot वर्ष dans le vers précédent. La construction reste toujours un peu embarrassée.

Je laisse de côté quelques leçons douteuses, et je m'arrête au huitième distique. Le premier hémistiche est défiguré par deux fautes monstru-

euses, qu'on peut cependant corriger avec une parfaite certitude. Il faut lire: ऋच्चातृत्तं प्रतेनाब्दै: ।
Je ne comprends pas उब्बारे au commencement du second vers. Vous ne donnez dans votre Dictionnaire que deux significations de ce mot, dont aucune ne peut s'appliquer ici. Puisque les vers suivans sont une citation du fameux Astronome *Vardha-Mihira,* il est naturel de supposer que l'historien aura nommé le titre de l'ouvrage dont ces vers sont tirés, c'est à dire *Vârâhi-Sanhitâ.* Ensuite *kâra* se dit en effet de l'auteur d'un livre, par exemple *tîkâ-kâra,* commentateur. Mais comme il s'agit ici d'un astronome dont l'autorité est d'un grand poids, le mot *âchârya,* maître, instituteur, semble être plus convenable. C'est ainsi qu'un astronome grec est appelé *yavanâchâr-rya.* Le pluriel employé pour un seul auteur ne doit pas nous arrêter: c'est une marque de respect. Je propose donc de lire:

ऋच्चातृत्तं प्रतेनाब्दैर्यात्सु चित्रशिखिषिउषु ।
वाराहिसंहिताचार्यैरेव दत्तोऽत्र निर्णयः ।

et je traduis: „Puisque la constellation des Sept „Sages passe d'une maison lunaire à l'autre en cent „ans, l'auteur de la Vârâhi-Sanhitâ donne la „confirmation de ce calcul de la manière suivante."

Les Sept Sages sont, comme l'on sait, les étoiles principales de la grande Ourse. Calhana parle de ce prétendu mouvement, que les anciens astronomes de l'Inde attribuaient à cette constellation, et que M. Colebrooke a discuté à fond.

Vous traduisez: „*Confirmation of the date is* „*derivable from the calculation made by astrono-*

„*mical writers of the motion of the seven Rishis,*
„*which goes from star to star* (*i. e. performs a*
„*complete revolution*) *in* 100 *years.*“ Les mots
from star to star ne présentent point de sens
clair. En effet le mot *ricsha* signifie aussi en général étoile, constellation; mais ici il est synonyme de *nacshatra*, maison lunaire. C'est ainsi
que Varâha - Mihira l'a employé dans un vers
cité par M. Colebrooke, qui contient la même
doctrine. Les mots que vous avez mis en paren-
thèse renferment une erreur matérielle. Puisque,
d'après cette théorie, les Sept Sages séjournent
cent ans dans chaque maison lunaire, leur révolution ne s'accomplit que dans 2700 ans, et c'est
ce que *Sâkalya* enseigne expressément.

Je remarque en passant, qu'aucun des trois
calculs chronologiques dont vous avez fait suivre
ce passage, ne s'accorde parfaitement avec les données de Calhana. Cela vient de ce que vous y
avez mêlé un élément héterogène, à l'égard duquel vous n'étes pas d'accord avec vous même.
Vous donnez la date de votre dissertation, écrite
en 1820; vous la réduisez à l'an du Cali-Youga
et à l'an du Sâca 1744. Mais l'an 1820 de notre
ère coïncide avec Sâca 1742; et dans la supposition de Calhana, le Cali-Youga aurait commencé
3101 avant J. C.; l'an 1820 serait donc 4919 de
cette époque. Rectifiez ces chiffres, et vous verrez
qu'il n'y a aucune erreur dans les calculs de l'historien.

Vous vous écartez encore bien avantage de
votre auteur dans votre table chronologique p. 81

et 82; mais n'ayant pas le moyen de vérifier les causes de ce désaccord, je reviens à mes observations grammaticales.

L'ouvrage de Calhana étant versifié, je fus surpris de trouver à la page 34 une ligne qui ne peut se reduire à aucune mesure connue:

क्रूरैः वधकर्माधिकारिभिः संधिमतिः शूले समारोप्य विपादितः ।

Ce sont *disjecti membra poetae.* En transposant le premier mot, j'y ai retrouvé un vers régulier avec le second hémistiche du vers précédent:

— — — — वधकर्माधिकारिभिः ।

क्रूरैः संधिमतिः शूले समारोप्य विपादितः ॥

P. 20:

अथावृहदशोकाख्यः सत्यसंधो वसुंधराम् ।

यः शान्तवृत्तिनो राज्ञा प्रपन्नो जिनशासनं ॥

„*Then the prince Asóka, the lover of truth, ob-* „*tained the earth; who sinning in subdued affec-* „*tions, produced the Jina Sásana.*" P. 19 vous dites, en vous référant à ce passage: „*Il appears* „*that this prince did not introduce, but invented* „*or originated the Jina Sásana.*" Je ne comprends rien à votre traduction. Dites-nous, de grace, comment on pêche en subjuguant ses affections? Les moralistes indiens inculquent au contraire la nécessité de tenir ses sens et ses passions dans la sujétion, pour être en état de remplir ses devoirs. Et que veut dire: „il produisit ou inventa le *Jina Sásana*", c'est à dire la doctrine de Bouddha? Asôka aurait donc été identique avec le fondateur de cette religion? *Jina* est donné par Amara-Sinha comme un synonyme de Bouddha, et c'est ainsi qu'il doit s'entendre à cette époque de l'hi-

stoire. La secte moderne des Jaïnas à hérité des
Bouddhistes même son nom. D'ou viennent ces
contresens? De l'oubli de la grammaire. Le mot
composé श्रान्तवृत्रिन: appartient à la classe *Bahuvríhi*,
et doit être analysé ainsi: श्रान्तानि वृत्रिनानि यस्य स: ।
Comme participe, श्रान्त signifie *apaisé*, comme
adjectif, *tranquille*, mais il se dit aussi d'un feu
éteint. Ensuite vous avez pris le participe passif
प्रपन्न: dans un sens actif, ce qui est impossible; mais
il peut être neutre ou réfléchi. Je traduis donc:

,,Ensuite un roi appelé Asôka, loyal dans ses
,,engagemens, gouverna le pays; lequel, ayant effacé
,,ses pêchés, se convertit à la doctrine des Jinas.''

Ce distique est parfaitement correct, et ne
présente aucune difficulté grammaticale; mais j'y
vois une grande difficulté historique. Comment
cela s'accorde-t-il avec ce que l'historien raconte
de ce même prince, qu'il obtint par ses austérités
religieuses la faveur de Siva qui lui accorda un
fils, destiné à chasser les Barbares? Et si Calhana
professait le culte brahmanique, comment pouvait-
il louer la sainteté d'un prince apostat? Ou s'é-
tait-il fait une loi de l'impartialité historique?
— On pourrait soupçonner que le texte eût été
falsifié à dessein, et qu'un adhérent de la secte des
Jinas eût substitué ce mot à un autre qui expri-
mait la foi orthodoxe, par exemple *Sruti*. Cependant *Aboulfazel* a déjà lu la même chose dans la
traduction persanne, faite par ordre de l'empereur Acbar *).

----

*) Dans la traduction de *Gladwin* (Ayeen Akbery Vol.

Dans le distique suivant:

म्लेच्छैः संछादिते देशे स तदुच्छिन्नगं नृपः ।

तपःसंतोषितालंभे भूतेभ्रात् सुकृतीसुतं ॥

vous avez pris les dernières cinq syllabes pour
un mot composé, en traduisant: *an excellent son.*
Cela serait contraire aux règles de la composition,
trop connues pour qu'il soit nécessaire de les rappeler ici. Il faut détacher les mots, et appliquer
l'épithète au père.

P. 21.

बोधिसत्त्वैकक्षारणाः कांचंत्यस्तमसः चायं ।

लोके भगवतो लोकनाथादारभ्य कंचन ॥

ये ज्ञत्तव गतक्लेश्रान् बोधिसत्त्वात्रवेदि तान् ।

सागसे ऽपि न कुप्यंति क्षमया चोपकुर्वंते ॥

बोधिं स्वस्यैव येष्यन्ति ते विप्राधरणोद्यताः ।

Le participe féminin कांचंत्यः doit être mis au masculin: कांचंतः, le *visarga* de ज्ञत्तवः au lieu d'être
élagué, doit être transformé. Je ne vois pas par
quoi pourraient être régis les deux accusatifs suivans, et je pense qu'il faut les changer en nomi-
natifs. La dernière syllabe de ce vers est mal à
propos détachée des précédentes, avec lesquelles
elle ne forme qu'un seul mot. Dans le cinquième

II, 179) on lit; „*Ashowg* (Asôka) *established , during*
„*his reign, the Brahminy rites, and substituted in their*
„*stead those of Jyen.*" Comme les deux choses sont
contradictoires, *established* est probablement une faute
d'impression, au lieu de *abolished.* Cette traduction
de *Gladwin* est faite avec une telle négligence et in-
capacité, que rien ne doit nous étonner. D'autre
part M. Colebrooke ne dit pas un mot de l'apostasie
d'Asôka. As. Res. Vol. IX, p. 294.

vers येष्यन्ति n'est point une forme légitime: il faut mettre येषन्ते. Voyez votre dictionnaire sous l'article येष्.

„*Those who are Bodhisatwas trusting to the* „*one great refuge, are desirous of the destruction* „*of darkness; they proceed in the universe of the* „*Lord, from the Lord of the universe, and are* „*not wroth sinfully at the distresses inflicted on* „*animal nature unpervaded by waking truth, but* „*alleviate them by patience. Those who seek to* „*understand themselves, they are strenuous in* „*bearing all.*"

Cette traduction est en partie fausse, en partie inintelligible. Vous avez pris le premier mot pour un *dvandva* ou composé agrégatif, et c'est un *tatpurusha*, qu'il faut analyser ainsi: बोधिसत्त्वे ou बोधिसत्त्वेष्वेकं प्रारप्यं येषां ते । Vous traduisez l'absolutif आरभ्य par: *they proceed;* il signifie *à commencer par.* D'où avez vous pris les souffrances de la nature animale? गतक्लेश signifie au contraire celui dont les souffrances sont passées. Vous prenez अवबोदित dans un sens négatif. Je ne me rappelle pas d'avoir jamais rencontré ce mot dans un auteur brahmanique; probablement il appartient au style des théologiens bouddhistes. La liaison semble exiger un autre sens. Dans le premier hémistiche du quatrième vers vous avez pris सागसे pour un adverbe: *sinfully;* tandis que c'est un substantif au datif, exprimant l'objet de la colère.

Ces vers sont une exhortation à la tolérance envers les Bouddhistes, adressée au roi Jalôca par une voix céleste. Vous dites que cette divi-

nité qualifia le roi lui-même de *Bôdhisatwa.*
Étant adonné au culte de Siva, il en aurait peut-
être été peu flatté; mais dans les vers cités je n'en
vois pas la trace. Le terme *Bôdhisatwa* est bien
connu dans tous les pays bouddhistes. Il signifie
un successeur, un réprésentant de Bouddha et,
d'après les élémens du mot, un Contemplatif parfait On ne peut traduire qu'en hésitant un passage qui pourrait bien cacher encore d'autres
fautes que celles qui sont à la surface. Cependant la teneur générale de ce discours est claire.
La divinité dit que les adhérens de Bouddha et
de ses successeurs sont des gens fort paisibles,
qui ne font du mal à personne, qui supportent
même les injures, et sont portés à la vie contem-
plative. L'on accorde à une voix miraculeuse un
peu de galimathias, mais la dose que vous y avez
mise, est trop forte.

Vous avez cité quelques autres textes, dont
vous pouviez sans doute consulter de bons manuscrits; ils n'en sont pas plus corrects. Dans
les six vers du *Mahâ-Bhârata,* cités p. 12, il y
a deux fautes d'orthographe. Dans ce vers isolé
du même poème:

यदा चिरमृतः पाएडु कथं तस्य ते चापरे ।

outre une ou deux fautes d'orthographe, le dernier hémistiche est mal scandé: une syllabe longue est absolument inadmissible dans la cinquième
place. De plus, par cette fausse leçon, la particule इति est perdue, qui est nécessaire ici pour
marquer la fin d'un discours. On verra cela plus
clairement, en mettant ce vers dans sa liaison:

ब्राडुः केचिन् तस्यैते तस्यैत इति चापरे ।

यदा चिरं मृतः पाण्डुः कथं तस्येति चापरे ॥

L'apparition des cinq fils de Pândou dans la capitale, mit le peuple en grand émoi. „Les uns disaient : „ce ne sont pas ses fils;" d'autres: „ils le „sont; d'autres encore: „comment le seraient-ils, „puisque Pândou est mort depuis long-temps?"

Dans cette sentence de *Vrihaspati* citée à la page 44:

महापातकयुक्तो ऽपि न विप्रो बधमर्हति ।

निर्वासनांकमौपड्यं तस्य कुर्यान्नराधिपः ॥

il faut lire à la fin du troisième hémistiche मौपड्यानि, pour rétablir la versification. Tout cet hémistiche est un composé agrégatif, mis au pluriel, quoique chaque élément doive être entendu au singulier. Le dernier mot manque dans votre dictionnaire.

Si mes observations ne sont pas fondées, il vous sera facile de les réfuter. Mais si elles le sont, je demande, si des textes imprimés avec cette négligence, peuvent nous avancer dans l'étude du sanscrit? Les fautes que j'ai relevées, se trouvent dans 37 vers de la Râja-Taringinî, les seuls que vous ayez cités. Que ferait-on d'une édition complète de ce livre, où les fautes seraient dans la même proportion avec le nombre total des vers? Et quelle confiance peut inspirer un extrait un original aussi mal lu, et aussi mal compris?

Je ne m'occuperai pas pour le moment de la partie historique de votre Essai, quoique j'aye une infinité d'objections à faire contre vos conclusions et vos hypothèses. Mais, à mon avis,

rien n'est plus superflu que d'écrire des dissertations, sans avoir sur quoi disserter. Avant tout
il faut constater, ce que Calhana a effectivement
écrit; ensuite il faut nous assurer que nous l'a-
vons bien compris. Si nos moyens actuels n'y
suffisent pas, il faut ajourner: on découvrira peut-
être de meilleurs manuscrits; il doit en exister
en Cachemire. Ce n'est qu'après avoir rempli les
deux conditions indiquées, qu'on peut examiner
à quel point cet historien est digne de foi; où
commence la partie vraiment historique de son
recit, c'est-à-dire l'époque depuis laquelle les
événemens ont été consignés par écrit par des
contemporains; si, dans l'époque antérieure, on
peut reconnaître quelques faits véritables, dégui-
sés seulement par la fiction et le merveilleux;
quel est le rapport des traditions Cachemiriennes
avec celles des autres peuples de l'Inde, surtout
avec les deux poèmes héroïques, le Râmâyana et
le Mahâ-Bhârata; si le récit de Calhana, concernant la propagation du Bouddhisme en Cachemire à différentes époques, s'accorde ou non, avec
la chronologie et les annales des Bouddhistes;
quels sont les point de contact entre l'histoire de
Cachemire et celle des pays voisins, etc. etc. Vous
vous étes mis en peine pour réduire le nombre
d'années que Calhana assigne à chaque époque
et à chaque règne, afin de le mettre d'accord
avec la chronologie vulgaire de l'occident, chronologie factice et imaginée par les harmonistes
de l'histoire sacrée et profane. C'était, selon moi,
une œuvre surérogatoire. Après tant de vains es-

sais de faire entrer les traditions divergentes des anciens peuples dans ce lit de Procruste, on devrait à la fin s'en désister. De tels systèmes sont des toiles d'araignée, qu'un bon coup de balai de la critique historique enlève en un instant. Mais quand je vois que vous prenez le chapitre en tête du Mahâ-Bhârata, intitulé *Anukramanikâ*, c'est-à-dire Sommaire, Table des matières, pour le vrai poème original, et tout le reste pour une amplification postérieure*); que vous nous faites venir le premier Bouddha de la Tartarie**),

---

*) Page 12 dans la première note.

**) Page 83 et 84 dans la note. — Parmi les épithètes de Bouddha en langue sanscrite, recueillies dans un livre tibétain, se trouve celle de *suvarna-chhavi*, de couleur dorée. L'or est jaune, les Tartares sont jaunes: donc Bouddha est venu de la Tartarie. Avec autant de raison on pourrait conclure de l'épithète Homérique χρυσῆ Ἀφροδίτη, que la Venus des Grecs était de race tartare. Remarquez encore que *chhavi* ne signifie pas proprement *couleur*, mais *éclat*, *splendeur*. V. Am. Co. L'épithète se rapporte sans doute à l'auréole qu'on donne aux images de Bouddha. Je serais curieux de savoir, où S. W. Jones a pris que les Hindous attribuent à Bouddha un teint entre le blanc et l'incarnat. (As. Res. Vol. II, p. 32.) Je crains bien que ce ne soit une méprise, ou une donnée apocryphe. Selon M. Wilson, les épithètes de Bouddha, tirées d'un vocabulaire chinois, et communiquées par M. *Abel-Rémusat*, confirment son origine tartare. Ces épithètes, telles qu'elles sont écrites dans les Mines de l'Orient (Vol. IV, p. 187 — 201.) ont besoin de fortes corrections. Rétablies en sanscrit pur, et bien expliquées, elles fournissent au contraire de nouvelles preuves, que

et autres hypothèses semblables: je désespère que
nous puissions jamais nous entendre dans une
discussion historique de ce genre.

Vous nous reprochez, Monsieur, de n'avoir
qu'une lecture peu étendue dans la littérature
sanscrite. J'en conviens volontiers pour ma part.
Vous concevez, qu'une manière de lire aussi scrupuleuse ou, si vous voulez, pointilleuse que la
mienne, exige du temps. Je pense que pour s'o-
rienter dans une sphère intellectuelle, aussi neuve
pour nous, aussi différente de celle où nous avons
puisé toutes nos idées, il vaut mieux étudier à
fond un petit nombre d'ouvrages importans, les
lire et relire sans cesse, que de parcourir super-
ficiellement beaucoup de volumes. Par l'habitude
d'esquiver les difficultés, de deviner au lieu d'analyser, et de se contenter d'un à peu près, on
court risque de faire entièrement fausse route.
D'ailleurs, les richesses de la littérature sanscrite
sont si immenses, que la lecture la plus étendue
dont un homme laborieux soit capable, ne peut
en embrasser qu'une très-petite portion. Même
lorsque nous aurons de plus grandes facilités, il
faudra que les savans qui la cultivent, s'en partagent, pour ainsi dire, les divers départemens.

Dans l'instruction primaire, la méthode analytique mérite non seulement la préférence, mais
elle est absolument indispensable. Vous avez senti,

---

le législateur religieux, ainsi décrit, n'a pu naître
qu'au centre de l'Inde la plus classique.

Monsieur, que la position d'un professeur de sanscrit est tout autre que celle d'un professeur de
grec ou de latin. Celui-ci, n'ayant à faire qu'à des
écoliers déjà préparés, peut se borner à montrer
l'art de l'interprétation et de la critique, appliqué à quelques auteurs difficiles, et donner son
soin principal à des cours de littérature générale,
d'antiquités, de mythologie et d'histoire des beaux-
arts. Un professeur de sanscrit au contraire doit
condescendre à enseigner les premiers élémens,
puisque les étudians arrivent à l'université sans
avoir eu l'occasion de les apprendre. Il doit les
examiner après chaque leçon, comme vous le remarquez fort bien. Mais cela ne suffit pas: aussi-
tôt qu'ils ont compris les principes de la grammaire, qu'on peut simplifier, en laissant d'abord
de côté ce qui n'est pas d'une utilité pratique,
les écoliers doivent eux-mêmes mettre la main à
l'œuvre, en s'exerçant à expliquer un texte avec
le secours du dictionnaire et de la grammaire,
mais sans se fier à une traduction déjà faite. Il
ne faut pas passer outre, avant qu'ils n'ayent su
analyser chaque mot et chaque phrase d'après les
règles de l'inflexion, de la dérivation, de la composition, et de la syntaxe. Après avoir lu ainsi
quelques ouvrages ou portions d'ouvrages, qu'on
aura eu soin de choisir selon les différens dégrés
de difficulté, ils seront en état de faire leur chemin ultérieur sans le secours d'un maître, pourvu
qu'ils ayent du talent et de la persévérance; s'ils
n'en ont pas, on fera mieux de leur déconseiller
toute cette étude. Voilà la méthode d'après la-

quelle j'ai enseigné le sanscrit depuis dix ans, et j'ose dire, avec quelque succès.

A l'égard du choix des livres, je ne suis pas tout à fait d'accord avec vous. Vous nommez le *Raghou-Vansa*, la loi de *Manou*, le *Râmâyana* et la *Mahâ-Bhârata*. Vous avez interverti l'ordre naturel. Il faut commencer par l'ancienne poésie épique. C'est ce qu'il y a de plus facile et en même temps de plus attrayant. Les constructions sont simples, la narration est coulante et lumineuse. Après avoir purgé ces deux poèmes merveilleux des fausses leçons et des vers interpolés, il y restera encore des nœuds, peut-être quelques-uns d'insolubles, puisque les scoliastes ont déjà tâtonné. Mais ces passages sont comparativement peu nombreux. Il en est comme d'Homère qu'on emploie avec raison dans les rudimens du grec.

Vous excluez de votre plan le *Hitôpadésa*. Je suis de l'avis contraire. M. Colebrooke l'était aussi, puisque c'est d'après ses conseils, que l'édition de Serampore fut faite pour l'usage du Collége de Fort William.

D'abord le Hitôpadésa nous offre un rare exemple de prose sanscrite. Celle des livres scientifiques est hérissée de difficultés, et ne peut être abordée que plus tard. Ici la prose est simple et animée: elle est toute en récit ou en dialogue. Ensuite ces contes ingénieux sont un tableau vivant des mœurs; rien n'est mieux fait pour donner une idée de la vie sociale dans l'Inde. Les sentences enfin offrent une grande variété de styles, depuis le plus simple jusqu'au plus compliqué; c'est encore un avantage. On peut laisser de côté celles qui paraîtront trop difficiles, sans que cela nuise à la liaison.

Vous ne nommez pas la *Bhagavad-Gîtâ*. Elle est cependant tellement à part du reste du Mâha-Bhâratá, qu'elle peut à peine être comprise sous ce nom général. Ce livre sublime contient de la métaphysique, mais la manière dont elle y est enseignée, respire la simplicité grandiose du siècle épique.

La loi de *Manou* est un livre fondamental, mais la lecture en est austère. Le laconisme du style législatif cause de l'obscurité; une seule sentence exige quelquefois de longues explications. En revanche, lorsqu'un étudiant du sanscrit se sé a bien pénétré de l'esprit de cette législation, et qu'il en aura imprimé les détails dans sa mémoire, il possédera la clé de tout le reste.

Vous accordez dans votre plan une place au *Raghou-Vansa*. Je ne sais pas s'il la mérite. Je n'ai pas encore eu l'occasion de lire ce poème en entier; mais le morceau qu'en a publié M. Loiseleur-Deslongchamps, *la mort du jeune hermite*, est bien froid et bien sec, à côté de la manière dont ce sujet a été traité par Vâlmîki. Ce même récit, mis dans la bouche de Dasaratha mourant, produit un effet irrésistible. Dans le genre pathétique, je ne connais en aucune langue rien de supérieur à ce morceau du Râmâyana.

En général, je ne partage pas entièrement l'admiration des littérateurs modernes de l'Inde pour les *six grands poèmes*. Il y a, en effet, un étonnant artifice dans la diction : c'est un tissu aussi subtil que des dentelles. Ce sont des jeux d'esprit qui ne parlent pas à l'ame. Les poètes, à mon avis, ont abusé de la merveilleuse flexibilité de leur langue, surtout de la facilité de former des mots composés. Leurs ouvrages ont été appréciés d'après le principe de la difficulté vaincue; leur lecture aussi offre beaucoup de difficultés : mais je doute qu'il vaille la peine de les vaincre.

Si l'on veut étendre le cours académique à des livres plus difficiles, je recommanderai plutôt la poésie sentencieuse dont les énigmes sont courtes et renferment un fonds de pensée: par exemple les sentences de *Bhartri-Hari;* ou la poésie dramatique, surtout cette ravissante *Sacontalá*, le plus parfait parmi les drames indiens jusqu'ici connus.

En passant en revue les éditions des livres sanscrits que vous jugez propres à être employés dans l'enseignement, vous n'examinez pas, si elles sont correctes ou non, bien ou mal faites; vous vous arrêtez uniquement à leur prix plus ou moins élevé. Je conçois, que le premier soin d'un régent de village doit être de fournir à ses petits élèves rustiques des exemplaires de l'Abecedaire et du Catéchisme à bon marché. Mais quand une nouvelle chaire a été fondée pour un but important, à la magnifique université d'Oxford, dans la riche Angleterre, cette considération me paraît on ne peut pas plus mesquine. Je l'avoue, j'ai ri de bon cœur de vos doléances sur la cherté de mon Râmâyana. Eh, Monsieur, si je n'avais pas honte de parler des sacrifices pécuniaires que j'ai faits pour faciliter l'étude du sanscrit, je vous dirais, qu'il est bien plus dispendieux de faire imprimer à ses frais, outre les dépenses occasionnées par les travaux préparatoires, un ouvrage volumineux, avec l'exécution typographique la plus soignée, que d'en acheter un exemplaire. Je n'ai pas pensé à faire un livre d'école; j'ai voulu présenter à l'Europe savante un monument vénérable de l'antiquité, sous un extérieur conforme à sa dignité.

Chaque étude exige certains moyens: ceux qui ne les ont pas doivent s'en désister, à moins que l'état n'y pourvoye dans son propre intérêt. La Grammaire de M. Wilkins est chère aussi; votre Dictionnaire est plus cher encore: cependant vos élèves ne pourront faire aucun progrès sans avoir ces livres, qu'ils doivent consulter à chaque instant. En général, par des raisons fort simples, les livres imprimés en entier ou en partie dans les caractères originaux des langues asiatiques, sont plus chers que ceux où l'on n'employe que nos caractères ordinaires. Vous pourrez vous en convaincre, en parcourant le Catalogue publié annuellement par les libraires de la Compagnie des Indes. Néanmoins les ouvrages du premier genre, exécutés en France ou en Allemagne, se vendent à un prix comparativement plus modique que ceux qu'on imprime en Angleterre. Vous remarquez que les livres sanscrits imprimés à Calcutta, pourraient être fournis à un prix raisonnable, si le droit d'importation ne les renchérissait pas. Cet impôt barbare sur les livres étrangers, qui existe encore en Angleterre, s'étend donc aussi aux livres imprimés dans l'empire britannique en Asie? C'est un fait curieux à connaître.

Mais laissons là ces détails de ménage, pour nous occuper de la qualité des éditions. Vous ne faites pas mention de celles de Serampore, quoique le Hitôpadêsa et deux volumes du Râmàyana (le Ier et le IIIème) se trouvent encore dans la librairie. Vous semblez avoir senti qu'elles sont trop fautives pour entrer en ligne de compte. J'ai caractérisé les éditions de Calcutta dans ma lettre à Sir James Mackintosh. Mais à part leurs inconvéniens, le choix des ouvrages a été tel, qu'on ne saurait les employer dans un cours élémentaire. Quand j'ai fait réimprimer la Bhagavad-Gîtâ, la première édition était déjà épuisée. La première édition de la Loi de Manou l'est aussi depuis long-temps. M. Rosen a examiné dans le Journal Asiatique de Londres la seconde, dont le premier volume est nouvellement arrivé en Europe; il a prouvé qu'elle est inférieure pour la correction aux excellentes éditions de MM. Haughton et Loiseleur-Deslongchamps.

Vous nous annoncez un Mahà-Bhârata complet, entrepris à Calcutta. D'après les morceaux qu'ont fait imprimer MM. Frank, de Chézy et Bopp, j'ai conçu l'opinion que le texte de ce poème a besoin d'un grand travail de critique, principalement pour élaguer les vers interpolés, qui ne sont que des répétitions mal déguisées, et pour remettre à leur place les vers dérangés. Les éditeurs de Calcutta feront-ils ce travail, dont les scoliastes même n'ont pas senti la nécessité? Les savans seront bien aise d'avoir le tout, ne fut ce qu'un manuscrit vulgaire, qui n'aurait fait que passer, peut-être à son détriment, par les mains d'un compositeur et d'un prote. Mais ce poème est trop long pour être expliqué en entier dans un cours académique. M. Bopp fit un choix excellent en publiant l'épisode de Nalus. C'est une composition délicieuse: rien n'est plus propre à donner aux écoliers le goût de la poésie sanscrite. Je regrette seulement que M. Bopp ait introduit dans la seconde édition, corrigée d'ailleurs en plusieurs endroits, sa méthode de séparer ou plutôt de déchirer les mots, qui en rend la lecture très-pénible.

Le Raghou-Vansa, imprimé aux frais du Comité des traductions, va paraître prochainement. Un jeune savant allemand qui a suivi les cours de M. Bopp et les miens, M. *Stenzler*, s'est chargé de ce travail.

Vous vous proposez d'établir une imprimerie sanscrite à Oxford. Je souhaite sincèrement que ce projet soit réalisé. Vous contribuerez ainsi pour votre part à réfuter le reproche, qu'on a fait trop souvent à cette illustre résidence de l'érudition, qu'elle n'aime pas à élargir sa sphère, et n'est guère favorable aux progrès des lumières. Vous trouverez dans la Bibliothèque Ratcliffienne quelques manuscrits précieux, dont personne n'avait connaissance, et que j'y ai découverts il y a huit ans.

Mais l'établissement d'une imprimerie et sa mise en activité exige du temps. En attendant il faudra vous contenter des livres déjà publiés. Vous verrez qu'à une exception près, les seules éditions qu'on puisse employer avec avantage dans l'enseignement, ont été fournies par les Indianistes du Continent, et vous serez assez équitable pour avouer que vous leur avez quelque obligation.

J'en suis désolé pour vous, Monsieur : si vous n'avez pas commis une injustice, vous avez au moins fait un acte de haute imprudence. Votre réputation vous précédait en Europe; à votre arrivée, vous étiez sûr d'être reçu à bras ouverts par tous ceux qui cultivent les mêmes lettres que vous : car enfin le dictionnaire qui porte votre nom, tel qu'il est, nous a été fort utile à tous. Maintenant tout est changé : la morgue provoque naturellement la censure. Toutefois, ne craignez rien de la part de nous autres vétérans. Nous devons imiter l'impassibilité de ces Brahmanes dont nous admirons les sages maximes. Nous nous rappelons que Visvâmitra perdit tout le fruit de ses pénitences pour s'être laissé entraîner à un mouvement de colére, quoique la provocation fût assez forte. Ma lettre à Sir James Mackintosh était écrite avant que je n'eusse reçu votre déclaration de guerre; cependant je n'ai rien changé à l'article qui vous concerne. Mais je ne vous réponds pas de nos jeunes Indianistes : ils sont aussi fongueux que zélés pour leur étude, et pourraient être tentés de venger leurs anciens maîtres. Si vous publiez quelque ouvrage, on sera à l'affût de vos méprises: et qui n'en commet pas? Si, au contraire, vous ne publiez rien, on dira qu'en partant de Calcutta, vous avez oublié d'embarquer votre savoir. Croyez-moi, faites votre paix le plutôt et le mieux que vous pourrez; je vous offre mes bons offices comme médiateur.

Veuillez agréer, Monsieur, l'assurance de ma considération très-distinguée.

Bonn au mois de Mai 1832.

A. W. de Schlegel.

APPENDICE.

A.

PROSPECTUS

OF A

Plan for translating and publishing such interesting and valuable Works on Eastern History, Science, and Belles-Lettres as are still in MS. in the Libraries of the Universities, the British Museum, and the East-India House, and in other Collections, in Asia and Africa as well as in Europe; and for providing Funds to carry this object into execution

---

1. THE extensive and valuable collections of Oriental MSS. which are deposited in our public and private libraries, have long attracted the attention of the learned of this and other countries; and it has been suggested that some means, offering a reasonable prospect of success, may be devised, by which the public may be put in possession of all that is valuable in Eastern literature, and an opportunity be presented for shewing that this country is not at present backward in contributing to the advancement of Oriental learning, in which she has long held the foremost rank. The interesting relations, moreover, in which this country stands with the East, affording as they do the best opportunities for carrying such a project into effect, and at the same time promising both to England and its Eastern pos-

sessions the most beneficial results, may be mentioned as additional motives for engaging in such an undertaking.

2. The advantages likely to be derived from a more extensive cultivation of Oriental literature in this country may be considered as applicable to Biblical Criticism, Ecclesiastical and General History, Biography, Belles-Lettres, the Arts and Sciences, and Geography.

3. With reference to Biblical Criticism and Ecclesiastical History, we know that our Scriptures, particulary those of the Old Testament, abound in modes of expression, and allusions to customs, in many cases imperfectly understood in Europe, but still prevailing in the East. That light confessedly derived from the Arabic and other sister dialects of the Hebrew, has been thrown on the text of Scripture by the Rabbinical and other commentators, few will deny; yet volumes on Arabic Grammar, Rhetoric, and the more ancient productions of the Arabian poets, which approach most nearly in style and sentiments to some parts of the Hebrew Bible, still lie in MS. in our libraries, either entirely neglected, or at best accessible to few.

4. In the Syriac language, which approximates still nearer than the Arabic to the Hebrew in its form and modes of expression, there are in our libraries unpublished Grammars and Dictionaries, and even Commentaries on the Scriptures, written by the Bishops and other learned members of the Oriental churches, together with MS. works of the greatest value to Divines, on Ecclesiastical History and Divinity, composed by the fathers of the Syrian and Arabian churches. The collection also of the late Mr. Rich, now placed in the British Museum by the liberality of Parliament, contains perhaps the most valuable MSS. of the Syriac Scriptures now in existence; and it is of the greatest importance to Biblical criticism that a collation of them should be made and published.

5. Perhaps no people possess more extensive stores of History, Biography, and Polite Literature, than the Arabs and Persians. The accounts which their historical and bio-

graphical works contain of their own and the surrounding countries, are necessarily the principal sources from which information can be obtained relative to the history of those regions, and of the extraordinary persons to whom they have given birth. Their histories of the Crusades in particular, which furnish the most authentic details on this interesting subject, will always amuse and instruct the general reader, while they furnish materials of the greatest importance to the historian. In Polite Literature, and especially in works of fiction, they have perhaps never been excelled, and in studying such of their works in Belles - Lettres as have been already printed in any European language, regret must be felt that but few of these books, which are so well calculated to afford us pleasure, have been translated.

6. Whatever may be our present superiority over Asia in the arts and sciences, it cannot be uninteresting to the inquiring mind to recur to the sources from which we derived the first elements of our knowledge. In this respect Asia must be recognized as the elder sister and instructress of Europe; and although the hordes of barbarians, which poured forth like a torrent from her north - western regions, effectually extinguished the light which she at first imparted, yet we are indebted to the Mohammedan courts of Cordova, Grenada, and Seville, for its restoration, as it is to them that Europe owes the rudiments of many of her now highly cultivated arts and sciences.

7. From Asiatic works on the Mathematics and Medicine perhaps much light is not now to be expected. To trace the progress of these sciences, however, under the Caliphat, when science had declined among the Greeks, cannot be uninteresting to the philosopher. And as many of the most celebrated of the Greek authors were translated into Arabic, under the patronage of the court of Bagdad, it is not improbable that some long - lost Greek works may be discovered in an Arabian dress, as was the case with the treatise on Conic Sections by Apollonius Pergaeus brought to Europe by Golius, and translated by Halley.

8. From the mercantile pursuits of the Arabs, foreign countries were explored, and commercial establishments formed by them, at an early period of their history; and it is anticipated that accounts of their travels may be discovered, not less interesting than those of Ibn Batuta, noticed by Mr. Burckhardt, and of which some specimens have been published by Kosegarten and Apetz, or of the two Mohammedans who visited India and China in the ninth century, translated and published by the learned Renaudot.

9. But while the literature of the East in general is highly worthy of our notice, that of British India has an especial claim to our regard. The possession of a more intimate acquaintance with the History, Geography, Statistics, Laws, and Usages of that portion of our Empire, must be productive of good both to the governors and the governed; and to procure means for obtaining information on these subjects is one of the principal designs of this Prospectus.

10. The object proposed is, to publish, free of expense to the Authors, translations of the whole or parts of such works in the Oriental languages as the Oriental Translation Committee shall approve. These translations are generally to be accompanied by the original texts printed separately, and such illustrations as may be considered necessary. By the publication of the original text it is intended to multiply copies of such works as are scarce, and to furnish students at a moderate expense with correct copies of the best Asiatic works, to which they might not otherwise have access.

11. It is not intended to confine the operations of the Committee to works in the Arabic, Persian, and Syriac languages; it is their intention to translate and publish standard and interesting works in Sanscrit, Chinese, Pali, Cingalese, and Burmese; in the languages of Thibet, Tartary, and Turkey; in the Malayan, and other dialects of the Eastern Archipelago; and in the numerous dialects of Hindustan, and the southern peninsula of India.

12. It cannot be expected that the publication of Oriental texts and translations can be effected to any considerable

extent, by the efforts of individuals, for none but a public body can command the funds, or furnish the literary means necessary for such an undertaking. The Royal Asiatic Society of Great Britain and Ireland, which was instituted for the advancement of Oriental literature, is the only Institution in this country to which the public can look with any prospect of success for the accomplishment of such a project; and the Council of that Society have expressed their willingness to co-operate in the execution of the plan which it is the object of this Prospectus to make known. They have subscribed largely from their funds; have recommended a Committee, consisting of individuals well known for their zeal and attainments in Eastern literature, to superintend the editing, translating, and printing of the works that are to be published; and have granted the use of their house for the transaction of the business of the Committee: — thus affording the best proofs of their readiness to promote the proposed object, and the strongest guarantee to the public that such works as may be recommended for publication will be executed in a manner that will render them worthy of the patronage that is now solicited.

13. For the purpose of directing the attention of Scholars to the literature of the East, and encouraging translations, the Oriental Translation Committee will give annually, for such works or portions of works as they consider deserving of distinction, four rewards in money, in sums of from L. S. 5o to L. S. 1oo each, and four gold medals of the value of fifteen guineas each, inscribed with the names of the individuals to whom they are presented. Translators whose works are approved, will be entitled to either description of reward, unless they expressly limit their views to the medals. The rewards and medals will be conferred at the Annual Meeting; and success on one occasion will not disqualify for receiving rewards or medals at future anniversaries. Any Member of the Committee who sends a work for approval, whether with a view to obtaining a reward or medal, or merely to have it printed at the Committee's expense, is to cease

to act on the Committee until a decision is given on his work.

14. The Oriental Translation Committee now appeal to the liberality of the public for such pecuniary aid as will enable them to effect the objects proposed in this Prospectus. The sums contributed will be appropriated exclusively to the execution of the plan above detailed, and the accounts will be examined, and a report made annually to the Subscribers of the application of the Funds, by an Auditor, who is to be elected by and from the body of the Subscribers. A report of the progress made in translating and printing during the year will also be made to the Subscribers annually, and notices will be given of such works as the Committee may intend to print at the expense of the Funds contributed by the Subscribers.

15. The terms of subscription are, that every individual or institution subscribing Ten Guineas or upwards annually, will be entitled to one fine-paper copy of every work translated, printed, and published by the Committee, with the name of the individual or institution subscribing printed on the back of the title-page. Individuals or Institutions subscribing Five Guineas annually, will be entitled to any of the works published by the Committee to the amount of their subscription, at half the price paid for them by Non-subscribers. The remaining copies, after a certain number has been given to the Translator or Editor for presentation, will be disposed of by the Committee in such a manner as they may consider most conducive to their objects, and to the advancement of Oriental literature.

16. The Committee propose to open communications with the Literary Societies, the British Governors and Consuls, and learned individuals in Asia and Africa, for the purpose of procuring scarce and valuable Oriental MSS. They also intend to communicate with the Oriental scholars in this and other countries, for the purpose of bringing to light texts and translations of valuable Oriental works, which may now lie in MS. in public and private libraries; and thus,

by every available means, to endeavour to preserve what might otherwise be irrecoverably lost, and to make known original works and translations which might otherwise never meet the public eye.

17. The Committee confidently expect that valuable translations will be obtained from Asia, as they feel assured that many civil and military officers residing there have hitherto been deterred from translating Oriental works by their having no opportunity for publishing the result of their labours in England. As that opportunity is now offered, it is hoped that they will be stimulated by the desire of improvement in the Asiatic languages, and the prospect of acquiring celebrity in Europe, to make translations and avail themselves of the means of publication presented in this Prospectus. For the purpose of obtaining Translations and Subscriptions from Asia, learned men in India, Ceylon, Penang, China, etc. will be invited to form themselves into Corresponding Committees.

18. The willingness already evinced to further this design, induces the Committee to entertain the most lively hopes of success. From the list of distinguished names prefixed and appended to this Prospectus they have the greatest encouragement to proceed, and have every reason to expect that the execution of the plan will be materially assisted by the British Universities.

19. It is requested that those individuals who are willing to become subscribers to the Oriental Translation Fund will send their names and addresses to the Secretary, Mr. WILLIAM HUTTMANN, at the House of the Royal Asiatic Society, Nr. 14, Grafton Street, Bond Street, London; and that they will inform him where their subscriptions will be paid. Subscriptions will also be received by such Houses of Agency as may be nominated by the Corresponding Committees in Asia.

B.

Copy of a Letter from the rev. Professor Lee to Sir
Alexander Johnston, Knt.

London, April 17, 1827.

Dear Sir:

I now proceed to lay before you a more detailed account
of what I believe ought to be done, and what, I think, the
Royal Asiatic Society can do, towards improving the state
of Oriental literature in this country. But, perhaps, it will
be best to state, in the first place, the situation in which
we now are, and then to proceed to suggest the remedy.
I shall be particular on the Arabic and Persic only, because
the detail would be too long to do so in every case; and I
shall begin with the Arabic. In this department, then, a
tolerable grammar has never yet made its appearance in this
country. The work of Richardson is meagre in the extreme,
and better calculated to set the learner out 'wrong, and to
keep him so, than to benefit him in acquiring the Arabic language. The admirable works of Colonel Baillie and Mr.
Lumsden are unfinished, and likely to remain so. In this
case the learner must have recourse either to the *Grammaire
Arabe* of M. de Sacy, or to one of the grammars published
in Latin by the Catholic missionaries; in the latter of which,
however, he will have the mortification to find very great
defects, and, in some cases, views on the subject quite foreign
to the genius of that language. M. de Sacy has supplied
many of the deficiences, and corrected many of the errors

of preceding writers on Arabic grammar, but valuable as his work is, it leaves something to be desired through the omission of the prosody, and his paradigm of the verb does not quite agree with the views of the Arabian grammarians. In the Latin grammar of Guadagnoli, indeed, a prosody is to be found, but this is full of mistakes, as Clarke has shewn. If he have recourse to the work of Mr. Gladwin on this subject, he will here find endless difficulties. The only work of much value on this subject, is the little book published by Clarke at Oxford, about 150 years ago. But this requires the greatest stretch of attention to understand the rules, and of principles nothing is said. It is surely much to be regretted, that we have no good elementary work of this kind in English: and still more so to find that there is not the least prospect of having one, until some step be taken, either by the Royal Asiatic Society, or some other body capable of bearing the expenses incident to such an undertaking.

In the next place, what have we in lexicography? If we except the lexicons of Golius and Castell, we have nothing we can recommend as a general dictionary. Wilmet, indeed, has compiled a very useful work for a few particular books: but then that work is scarce, not to insist on its uselessness in a general way. But this objection will go in a great degree against the lexicons of Golius, Castell, the Kamoos, and the Soorah; for in these we find scarcely one of the terms of art, without which hardly a single book in Arabic can be made out. Were it necessary here to go into the detail, I could shew, that scarcely a translator is to be named, from Pococke down to the present day, who has not had his labor greatly increased through the omission of technical terms in those dictionaries. This remark extends to every science, to works on theology, and even to the commonest expressions in use among the Arabians. Again, let a man take any book of poetry, or of proverbial expressions, such as the work of Meidani, and try his hand with any of the dictionaries just mentioned. I have no doubt he will make out a sense; but, very likely, a sense quite different from that intended by the author. If Meninski is substituted for these lexicographers, then I believe he would find himself infinitely more bewildered. Here we have nothing to point out the construction of the verbs, the several conjugations in which they are found, or the senses they bear in these conjugations. Many of the words are erroneously explained : and in every case we have a ,,rudis indigestaque ,,moles.‘‘ Dr. Wilkins's edition of Richardson's Persian and Arabic dictionary is a very great improvement of that work, but I venture to suggest it would be best to have separate dictionaries of each. That few should be found to understand the Arabic and Persic, with helps like these, is certainly not to be wondered at ; the wonder is, how any thing has been made out. The French and German literati have felt this in all its weight, and have very properly betaken themselves to the scholiasts and vocabularies containing the terms of art, and to the native grammarians and commentators on grammar, and hence have found, what they could find nowhere else, their progress to be solid and delightful.

In the next place, what can we be said to know of Oriental history, I mean Arabic and Persian , if we except the works of Pococke, Reiske and a few others? In the Persian, not so much as one historian has yet been printed or translated: and yet our libraries abound with the most valuable works, reserved only for worms'-meat, or to go back into their native element the dust! The histories of Persia, its dynasties and wars, of Hindustan, of Tartary, and other adjacent countries, are shewn in our libraries, just as ,,our rarer monsters are,‘‘ merely to excite the surprise of the ignorant.

Then, of Arabian and Persian poetry, and the belles-lettres, how much do we know? We have, indeed, a few elegant extracts printed at Calcutta, for which the Honorable East-India Company deserve the thanks of the country, but how are they to be made out? Will any one attempt to make out the Deewan of Motanabbi, or of Khájah Háfiz, with the assistance of the dictionaries of Golius, etc.? If he does, I will only say, he will attempt to do that, in which no one ever yet did or ever shall, succeed; and of this, after a short trial, I think he will be perfectly convinced. If he means to do any thing likely to satisfy himself, or to benefit mankind, he must recur to the native commentaries, or, which is nearly the same thing, he must have a learned native at his elbow. But suppose an individual hardy enough to get through all these difficulties, and to publish the result of his labors for the benefit of others; suppose him to have labored for years, to translate some valuable and interesting work, and then suppose him to print it for the benefit of mankind: what must now be his mortification to find, that he can perhaps sell six copies; and that he must labor for years to pay the debts he has contracted in printing and publishing his book? If a man will suppose this, he will suppose nothing more than has more than once taken place, and which will perhaps induce him to believe, that few individuals will ever think of laboring to his extent, and fewer still of giving to the world the result of their labors.

What has here been stated with reference to Arabian and Persian literature few will perhaps undertake to deny; and if so, when we consider our connections with the East, particulary in a mercantile point of view, I think all must be convinced, that there exists a necessity, that something should be done on a more liberal scale than has hitherto been attempted.

C.

LETTER TO THE HONORABLE COURT OF DIRECTORS OF THE
HONORABLE EAST-INDIA COMPANY.

HONORABLE SIRS,

I had, six years ago, the honor of presenting you with
a copy of my edition of the celebrated Indian philosophical
poem, entitled Bhagavad-Gîtâ, the first book ever printed
on the continent of Europe in the Sanscrit language and in
the original Dêvanâgari character.

The first Volume of my edition of the Râmâyana, the
most ancient epic poem of India, has just been published,
and I have charged my bookseller to transmit to you the
number of copies, for which I was honored with your subscription. I have, in a Prospectus, printed in London, and
in the Latin preface prefixed to the first volume of the text,
shown the importance of this work, and the extensive researches it involves.

I rejoice at having the present fresh opportunity of
testifying my respect for your honorable body by offering
you a Copy of my edition of the Hitôpâdêsa, an ingenious
collection of fables and moral sentences, which has served
as a class-book in the colleges both of Fort William and
Hayleybury, and is, indeed, eminently adapted to that purpose, when the teacher has a correct edition to assist him.

Since the beginning of this century encouragements have

been granted, partly by your Honorable Court, and partly by the government at Calcutta, to the study of the Sanscrit language, in order to form civil as well as military servants of the Company, who, by having acquired a knowledge of the vernacular Indian dialects, might no longer be reduced to depend on the aid of native interpreters. What originally was intended for a particular object only, has turned to the profit of science. Several learned Englishmen in India, and, more recently, some among the scholars of France and Germany, attracted solely by the historical and philosophical interest of the subject, have devoted themselves to the study of Sanscrit literature; and you cannot but contemplate with satisfaction, how your intentions have been seconded by an union of talent and erudition, independent of your own immediate influence.

Much still remains to be done. The elementary books, particularly the Dictionary, stand greatly in need of improvement, which can be prepared only by the publication of a greater number of Sanscrit books, edited according to the principles of sound criticism, and accompanied with such aids as are requisite for their being thoroughly understood.

Those, who would deny that the study of Sanscrit is useful for young Englishmen, destined for any branch of the public service in India, would only betray their own ignorance. The Sanscrit language is and can never cease to be, the key to the ancient legislation and religion, to the manners and customs of India. The modern provincial languages, which are mostly derived from that source, offer indeed only few difficulties in their structure. It is, however, impossible to acquire them to any degree of perfection, without having previously been imbued with the national genius, which is indelibly impressed on the parent tongue, one of the most admirable productions of human intellect.

Proud of the approbation of a magnanimous sovereign, and encouraged by a Government friendly to the promotion of letters, I offer you these reflections, and the results of my labors, only from a wish of expressing publicly my high sense of what you and your predecessors have done for the advancement of science.

I have the honor to be with the greatest respect,

Honorable Sirs,

Your obedient humble servant

A. W. Schlegel.

To Professor Schlegel, etc.

East India House
the 11. February 1830.

Sir,

I am commanded by the Court of Directors of the East India Company to return to you their best acknowledgements for the Copy that you have been so obliging as to present to them of the first part of your edition of the Hitopadesa, to which they have great satisfaction in assigning a place in the Company's library, and I am to request that the Court may be furnished with ten copies of this edition when complete.

With regard to the favorable opinion which you express of the adaptation of a correct edition of this Work as a Class Book in the East India College, I am directed to acquaint you, that the Court have already acted upon a similar impression, having caused a large number of copies to be printed especially for that purpose, many of which still remain.

I have the honor to be,

Sir,

Your most obedient humble servant
P. Auber.

D.

COMPARAISON

DE QUELQUES PASSAGES DU HITOPADESA DANS LA TRADUCTION
DE S. W. JONES ET DANS CELLE DE M. WILKINS.

Afin que les connaisseurs du sanscrit puissent examiner
eux-mêmes, je citerai les vers correspondans de l'original
d'après l'édition de Bonn par le numéro des distiques, et
d'après l'édition de Londres par page et ligne. En ajoutant
aux deux traductions précédentes l'explication du même distique comme je l'entends, je tâcherai d'expliquer la pensée
d'une manière intelligible pour des lecteurs européens, sans
m'astreindre à traduire littéralement.

BONN. Prooem. sl. 3. — LOND. p. 1, l. 5, 6.

S. W. JONES, p. 4. (de l'édition in 8.):

,,*The learned man may fix his thoughts on science and*
,,*wealth, as if he were never to grow old or to die; but*
,,*when death seizes him by the locks, he must then practise*
,,*virtue.*"

Comment un homme peut-il pratiquer la vertu, quand
la mort l'a saisi par les cheveux? De plus, c'est une très-
mauvaise morale: le poète semblerait conseiller de différer le
repentir à l'article de la mort. Mais il est innocent; M.
WILKINS le justifie. P. 2.:

,,*The wise man should study the acquisition of science*
,,*and riches, as if he were not subject to sickness and death;*
,,*but to the duties of religion he should attend, as if death*
,,*had seized him by the hair.*"

Cela répond assez bien au texte: il faut seulement substituer la vieillesse à la maladie. La dernière partie de cette noble sentence montre clairement que le poète n'entend parler que des moyens légitimes d'acquérir de la fortune. L'antithèse est fondée sur ce que l'idée de la fragilité de la vie humaine paralyse souvent les efforts des hommes pour obtenir des choses qui ne peuvent améliorer leur état qu'ici bas; tandis que, d'autre part, c'est l'oubli de la mort qui leur fait négliger le salut éternel.

Bonn. Procem. sl. 7. Lond. p. 2. l. 1. 2.

S. W Jones *p. 4.* „*As a fresh earthen vessel is form-*„*ed by the potter, and (education si nothing else) thus we*„*may say are children formed here below to morality.*"

M. Wilkins s'est rapproché davantage de l'original: „*As*„*the impressions made upon a new vessel are not easily to*„*be effaced; so here youth are taught Prudence through the*„*allurement of fable.*"

Le mot *sanskára*, exprimant en général un perfectionnement, est susceptible de plusieurs explications: il peut signifier ici la forme élégante donnée au vase, ou les ornemens en relief imprimés à la surface, ou le vernis; peut-être enfin une substance odoriférante pétrie avec l'argile. Car *sanskára* s'employe aussi de l'assaisonnement des mets. Le participe *lagna*, intimément lié, incorporé, me porte à préférer cette explication. Je traduis donc: „Parce que le par-„fum dont un nouveau vase a été imprégné, ne peut jamais „s'altérer: pour cette raison la morale est enseignée ici (dans „ce livre) aux enfans, sous le déguisement de la fable." —

Le poète compare l'enfance à une argile molle qui reçoit facilement toutes les impressions, et les conserve ensuite, lorsqu'elle s'est durcie. Ces vers ont fait croire que le Hitôpadêsa devait être très-facile, puisqu'il était destiné à l'age le plus tendre. Les fables en effet sont faites pour amuser vivement les enfans: mais comprendront-ils toutes ces sentences qui supposent souvent une observation si fine et si maligne de la nature humaine et des rapports sociaux? J'en doute fort. Je pense qu'il y a de l'artifice dans la modestie apparente de l'auteur: il se propose un humble but; il donne

comme une chose tout innocente son livre, rempli d'ironie et
des traits les plus hardis de la satire. Il n'épargne rien : il
se moque de l'hypocrisie des faux dévots, de l'ineptie des
brahmanes, de la superstition du vulgaire. Les deux derniers
livres surtout sont une parodie continuelle de la politique
des rois, de leurs guerres capricieuses et de leurs paix plâ-
trées ; une peinture de leur orgueil, de leur indolence et de
leur nullité à coté d'un ministre actif et habile. Les femmes
aussi ne sont point ménagées, et les enfans n'ont que faire
des anecdotes scandaleuses sur leur compte, qui figureraient
à merveille dans le Decameron.

Bonn. Prooem. sl. 13. Lond. p. 2. l. 18, 19.

S. W. Jones pag. 7. ,,*A son is born, and the family*
,,*is increased; but in this revolving world, who dies with-*
,,*out having been born?*“

Il est très-sûr que par la naissance d'un enfant le nombre
des individus d'une famille est augmenté; très-sûr aussi,
qu'on ne peut pas mourir sans être né : mais à quoi bon
nous enseigner des choses pareilles? M. Wilkins (p. 4.) traduit mieux :

,,*He is truly born, by whose birth his generation is ex-*
,,*alted; or else, who is there in this transitory life, who*
,,*being dead, is not born again?*“

Le texte porte : — ,,Celui-là est vraiment né, par la
,,naissance de qui sa famille acquiert un nouvel éclat. Au-
,,trement, dans le mouvement circulaire de ce monde, quel
,,mort ne renaît pas ?“ —

Cela fait allusion à la metempsycose. Les êtres créés
renaissent toujours, mais dans une condition et avec des qualités conformes au mérite de leurs actions dans une vie pré-
cédente.

Bonn. Prooem. sl. 18. Lond. p. 3. l. 4, 5.

S. W. Jones p. 7: ,,*The continual acquisition of wealth;*
,,*freedom from disease; a beloved wife, with tender speech;*
,,*an obedient son, and learning, producing riches, these are*
,,*the six felicities of living creatures.*“

M. Wilkins p. 4: ,,*An influx of riches, and constan*

„health; a wife who is dear to one, and one who is of kind
„and gentle speech; a child who is obedient, and useful
„knowledge, are, my son, the six pleasures of life.“

S. W. Jones ne s'est pas aperçu que son énumération était incomplète, et qu'il n'y a là que cinq felicités au lieux de six. M. Wilkins met en effet six articles, mais il donne à son homme heureux deux femmes, dont l'une soit chère à son mari, et l'autre d'un langage caressant. L'une est de trop. Le texte avait ici besoin d'une correction que j'ai faite, et qui ne consiste que dans une seule lettre: *priyas'-cha* au lieu de *priyá-cha*. Les indiens sont très-sensibles aux charmes de l'amitié: le poète n'a pu oublier parmi les biens principaux de la vie la possession d'un ami.

Bonn. Procem. sl. 41. Lond. p. 5, l. 5, 6.

Il est dit dans ce distique, qu'un morceau de verre commun par le voisinage de l'or acquiert l'éclat d'une émeraude. S. W. Jones y a substitué un *rubis*, M. Wilkins une *topaze*. Cependant le mot sanscrit *maracata* pouvait leur rappeler le vrai sens, puisque le nom grec de l'émeraude en est évidemment emprunté. Pour trouver l'image juste, il faut admettre que le poète a eu en vue du verre d'une couleur bleuâtre.

Bonn. Lib. I, sl. 7. 8. Lond. p. 8. l. 1 — 4.

M. Wilkins p. 17: „The study of what is ordained,
„charity, mortifications of the flesh, and sacrifices, fortitude,
„forgiveness, rectitude, and modesty, form the true way,
„and are recorded the eight-fold division of our duty.

„Of these the first class, consisting of four is attended to
„for the sake of here-after; and the latter class of four,
„presideth in every great mind.“

S. W. Jones a omis ce passage. Le texte porte:

„Le sacrifice, la lecture des livres sacrés, les aumônes,
„la penitence; la verité, la constance, la patience, le dés-
„intéressement: c'est ainsi qu'on a défini la bonne voie, em-
„brassant huit espèces de vertus. Les quatre vertus de la
„première classe peuvent être exercées aussi par hypocrisie;
„mais les quatre de la seconde n'ont leur siège que dans les
„grandes ames.“

M. Wilkins a manqué entièrement le sens du second distique, qui cependant est d'une haute importance. C'est une preuve que l'ascendant des prêtres n'a pas opprimé dans l'Inde la liberté de la pensée.

Bonn. Lib. I, sl. 57. Lond. p. 12. l. 17, 18.

S. W. Jones p. 18: ,,*The souls of such as desire to* ,,*promote the justice of a state, and to please God are fit* ,,*objects of preservation; when such a soul is corrupted, what* ,,*will it not corrupt? When it is preserved pure, what will* ,,*it not preserve?*"

M. Wilkins p. 25: ,,*Our lives are for the purposes* ,,*of religion, labour, love, and salvation. If these are de-* ,,*stroyed, what is not lost? If these are preserved, what* ,,*is not preserved?*"

Croirait-on que les deux traducteurs ont eu en vue la même sentence? Cela est pourtant positivement sûr. Pour bien saisir le sens, il faut se rappeler que les philosophes indiens comptent trois objets principaux de toute activité humaine: le plaisir ou l'agréable, l'utile, et le bien moral. Dans plusieurs systèmes on ajoute un quatrième: l'émancipation finale. Selon la doctrine de ces philosophes, les récompenses que la vertu obtient dans l'autre monde, sont limitées: le terme étant expiré, le cercle de la metempsycose recommence. Ils placent donc le bien suprême dans la cessation de l'existence individuelle par l'union intime de l'ame avec la divinité. La Bhagavad-Gîtâ ne traite que des moyens d'arriver à cette béatitude. Voici le vrai sens de la sentence en question:

,,La vie est la condition indispensable pour obtenir l'a-,,gréable, l'utile, la vertu et l'émancipation finale. Celui ,,qui détruit sa vie, n'a-t-il pas tout détruit? Celui qui ,,la sauve, n'a-t-il pas tout sauvé?"

C'est un sophisme, comme on voit, pour prouver qu'il ne faut jamais sacrifier sa vie par générosité ou par devoir. Aussi cette sentence est elle du nombre de celles, que l'auteur ne met en avant que pour les réfuter ensuite.

Bonn. Lib. I, sl. 96. Lond. p. 31, l. 6 — 9.

M. WILKINS p. 69: ,,*To a hero of a sound mind, what*
,,*is his own, and what a foreign country? Wherever he*
,,*halteth, that place is acquired by the splendor of his arms.*
,,*He quencheth his thirst with the blood of the royal ele-*
,,*phant, even in the forest which the lion teareth up with*
,,*his teeth, and his claws the weapons of his feet.*``

Les naturalistes seront fort étonnés d'apprendre que les
lions déracinent des arbres avec leurs dents et leurs griffes.
On demandera aussi, quels étaient les héros de race humaine
qui avaient coûtume de boire du sang d'éléphant? S. W.
JONES a evité une partie de ces méprises. P. 46:

,,*What is the business of a valiant and wise man?*
,,*What other country can he know, but that which he has*
,,*subdued by the strength of his arm?*``

,,*In the forest of which a lion armed with teeth, claws*
,,*and a tremendous tail, becomes possessor; even there he*
,,*quenches his thirst with the blood of the princely elephant*
,,*whom he has slain.*``

Je traduis: ,,Qu'importe à un homme courageux son
,,pays natal ou une terre étrangère? Vers quel pays qu'il
,,tourne ses pas, il l'assujetit par la vigueur de son bras. —
,,Tel le lion, armé de ses dents, de ses griffes et de sa quene,
,,dans chaque forêt où il pénètre, étanche sa soif dans le sang
,,des éléphants, chefs de la troupe, qu'il a tués.``

BONN. Lib. I, sl. 131. LOND. p. 27, l. 13 — 14.

M. WILKINS p. 60: ,,*When a man is in indigence, picking*
,,*herbs is his philosophy, the enjoyment of his wife his only*
,,*commerce, and vassalage his food.*``

Le texte porte: ,,L'érudition qui affecte les fleurs de la
,,rhétorique, l'amour sensuel acheté à prix d'argent, et une
,,subsistance sujette au caprice d'autrui: ce sont trois choses,
,,qui dégradent les hommes.``

On reconnaît encore les traits effacés de l'original dans la
traduction de S. W. JONES p. 48: ,,*Superficial knowledge,*
,,*pleasure dearly purchased; and subsistance at the will of*
,,*another; these three are the disgrace of mankind.*``

BONN. Lib. II. sl. 71. LOND. p. 50. l. 18 — 21.

M. Wilkins p. 112: ,,*If a gem be discovered at the*
,,*feet, which is worthy to be worn in an ornament of gold,*
,,*and it doth not complain, and it doth not also appear*
,,*with splendour, he who placed it there is to be spoken to.*"

Le traducteur met en note: ,,*And it doth not complain.*
,,*In this expression the allegory seems to be carried too far.*"

Dans la supposition de M. Wilkins sa critique pourrait
paraître juste : mais heureusement le poète ne dit rien de
semblable. Voici la sentence :

,,Lorsqu'un joyau digne d'être entouré d'ornemens d'or,
,,est enchâssé dans de l'étain, il ne rend pas un son clair,
,,il ne brille pas non plus, et le blâme en retombe sur celui
,,qui l'a si mal employé.''

S. W. Jones p. 79 a bien saisi le sens en général, mais
il a substitué le cuivre à l'étaing.

Bonn. Lib. II, sl. 83. Lond. p. 53. l. 11 — 12.

M. Wilkins p. 119: ,,*Wisdom is of more consequence*
,,*than strength. The want of it is a state of misery. The*
,,*Dindima proclaimeth this, sounding :*" *The miserable are de-*
,,*feated.*''

Le traducteur met ensuite en note : ,,*Dindima, a small*
,,*drum, which it is supposed Siva, the destroying angel,*
,,*will sound on the last day, when all things shall be dis-*
,,*solved.*''

Je serais curieux d'apprendre, dans quel livre M. Wilkins a trouvé, que les destructions périodiques du monde
enseignées par les théologiens et les philosophes de l'Inde,
comme par les stoïciens, sont annoncées au son d'un tambour
de basque. En effet il y a dans l'original un tambour; mais
il n'y a ni dernier jugement, ni misérables, ni défaite. Le
texte porte:

,,L'intelligence assurément vaut mieux que la force.
,,C'est faute d'intelligence que les éléphants son réduits à un
,,tel état. — Le son même du tambourin, dont joue un con-
,,ducteur d'éléphant, semble proclamer cette vérité.''

Il paraît qu'on fesait marcher en mesure les éléphants
au son d'un instrument ; et l'on ne peut guère citer une

preuve plus frappante qu'un animal aussi fort et aussi sauvage a été complettement asservi.

S. W. Jones traduit, p. 85. *„Wisdom is greater than „strength; by not possessing it, the condition of the elephant „is such, that even the drum sounds, proclaiming that the „elephant is beaten by his driver."*

Le reste est assez exact, mais il y a une méprise dans la dernière phrase. On n'a pas coutûme de battre les éléphants : cela produirait peu d'effet, parce qu'ils ont la peau très-dure et épaisse. On les gouverne avec un instrument (ankus'a) armé d'une pointe de fer pour les pousser, et d'un crochet pour les arrêter.

Bonn. Lib. II, sl. 91. Lond. p. 55. l. 13 — 14.

M. Wilkins p. 125: *„The rich man spendeth like „Vais'ravana*), who squandereth according to his inclinations, „his income immediately without regard to its amount."*

S. W. Jones p. 89: *„He who perceives not the trea- „sure that is quickly amassed, and consumes it at his plea- „sure, most certainly would reduce it to nothing, if he were „as rich as Vais'ravana."*

Le texte porte : „Celui qui néglige le plus mince revenu, „et dépense à sa fantaisie, cet homme, fût-il l'égal du dieu „Cuvera en fait de richesse, devient un mendiant."

Bonn. Lib. II, sl. 125. 126. Lond. p. 63. l. 16. 17.

S. W. Jones p. 103: *„He who is beloved, and com- „mits faults, is nevertheless beloved; but that body is cloathed „with many crimes, for which there is no regard."*

Le texte porte : „Celui que nous chérissons, nous reste „cher, quoiqu'il nous cause des inconvéniens. Chacun choye „son propre corps comme un favori, quoiqu'il soit accablé „d'une foule d'infirmites."

M. *Wilkins* a omis cette sentence, mais il donne la suivante, qui en est comme une variation. P. 145: *„He „who is dear to one, is dear even in the very commission*

---

*) Cuvera, Plutus.

,,of a fault. *When the materials of a house are burnt,*
,,*upon whose fire falleth disgrace?"*

On devinera difficilement la pensée du poète, que S. W.
Jones a mieux rendue, p. 103: ,,*He who is dear, though*
,,*he do unpleasant things, continues dear. Though an excel-*
,,*lent house be burnt, yet who doth not venerate fire?"*

Cela fait allusion aux feux sacrés qu'entretiennent les
brahmanes et en général les hommes des classes supérieures,
initiés aux rites religieux.

Bonn. Lib. II, sl. 148. Lond. p. 67. l. 17. 18.

M. Wilkins p. 155: ,,*The unfortunate man who posses-*
,,*seth splendor from the glory of him on whom he dependeth,*
,,*will find it as fatal as a foul collyrium put into the eye by*
,,*the hand of imprudence."*

S. W. Jones a corrigé la méprise. P. 110:

,,*Many a bad man receives lustre from the goodness of his*
,,*protector, like the black powder rubbed on the eye of a*
,,*beautiful woman."*

Seulement l'expression n'est pas exacte. Le collyre en
question, article bien connu de la toilette des femmes indiennes, n'est pas frotté sur l'œil, mais appliqué avec un pin-
ceau au bord des paupières.

Bonn. Lib. III, sl. 7. Lond. p. 74. l. 1. 2.

S. W. Jones p. 121: ,,*Sometimes lenity is the grace of*
,,*a man, but before victory is gained, violence becomes him."*

M. Wilkins p. 172: ,,*An occasional dress to a man is as*
,,*forgiveness and modesty to a woman. Courage, when sur-*
,,*rounded, is like being captive amongst men endued with cle-*
,,*mency."*

Le texte porte: ,,Dans d'autres occasions la patience
,,sied bien à un homme, comme la modestie à une femme;
,,mais quand on est insulté, la bravoure est à propos, comme
,,l'effronterie dans l'amour sensuel."

Les derniers mots rappellent certains vers d'Ovide, qu'il
est superflu de citer.

Bonn. Lib. III, sl. 42. Lond. p. 81. l. 10. 11.

S. W. Jones p. 135: ,,*A great stone is not raised, by*

,,men without labour: but if a man can attain great success
,,with little efforts, the fruit of his virtue is great.‘‘

M. Wilkins p. 191: ,,Not more easily is a house sup-
,,ported by mankind with a prop, than great achievements
,,from trifling means. This is the great fruit of councils.‘‘

Le traducteur met en note: ,,The original is grîvâ the
,,neck, which the translator has presumed to be a mistake
,,for griha (‿ ‿) a house.‘‘

Cette correction ne saurait être admise, parce quelle est
contraire aux règles de la versification. La leçon que M.
Wilkins a trouvée ou cru trouver dans son exemplaire est
en effet fausse, mais il faut substituer grávâ, une pierre.
Le texte porte:

,,Une pierre n'est pas aussi aisément soulevée avec les
,,mains qu'avec un levier. D'un petit artifice il résulte un
,,grand succès; c'est là l'avantage d'un projet bien conçu.‘‘

Bonn. Lib. III. sl. 44. Lond. p. 81. l. 15. 16.

S. W. Jones p. 135: ,,A great King should fear his ene-
,,mies at a distance: but when near, act with valour. In the
,,midst of danger, it is a dreadful crime to be inactive.‘‘

M. Wilkins p. 191: ,,When the quality of bravery
,,is near, a great man's terrors are at a distance. In the
,,hour of misfortune such a great man overcometh bravery.‘‘

Le texte porte: ,,C'est le caractère d'un grand homme
,,d'être timide, lorsque le danger est encore éloigné; héroïque,
,,lorsqu'il approche. Dans les revers un grand homme trouve
,,sa ressource dans l'intrépidité.‘‘

Bonn. Lib. IV, sl. 101. Lond. p. 116. l. 7 — 10.

M. Wilkins p. 282: ,,A wary goose having been once
,,deceived by an enemy, whilst sitting in a very thick shade,
,,in a lake, looking after the lotus plant, no more regardeth
,,the cooling flower which is distressed by the appearance of
,,day, and afraid of the stars. Thus it is with the people
,,of this world; having been once deceived, they suspect deceit
,,in truth itself.‘‘

Voilà encore un singulier trait d'histoire naturelle! Si
le lotus se cache pendant le jour, et en même temps a peur

des étoiles , cette belle plante doit être continuellement fort
mal à son aise. Mais c'est tout le contraire : le lotus s'épa-
nouit pendant la nuit, il semble jouir du clair de lune : c'est pourquoi les poètes indiens appellent la lune l'ami du lotus. Cette
sentence, mieux rendue par S. W. Jones, est un peu maniérée :

,,Un cygne imprudent qui , pendant la nuit, voulant
,,attraper une tige de lotus, a souvent été trompé par le reflèt
,,des étoiles sur le lac, même de jour n'ose plus mordre à
,,la fleur blanche du lotus, craignant toujours que ce ne soit
,,une étoile. C'est ainsi que les hommes, intimidés par la
,,perfidie, soupçonnent de la ruse même dans la bonne foi.``

Je pourrais multiplier facilement les exemples ; mais ceux
que j'ai choisis parmi une foule d'autres, suffiront pour justifier mon assertion. La plupart des méprises se trouvent
dans les sentences, il y a en cependant aussi dans la prose.
L'auteur du Hitôpadésa employe souvent dans le dialogue les
expressions *svagatam* et *prakâsam* (*à part* et *haut*) termes
empruntés à l'art dramatique; on voit à la page 148 que M.
Wilkins ne les a pas comprises. Le même traducteur a
transformé un vautour en un chacal, ce qui dénature toute
la fable , et viole les vraisemblances matérielles, qui doivent
être observées même dans ce genre. En revanche S. W. Jones a substitué ailleurs un vieux cerf à un lièvre. Ce vieux
cerf qui ne se trouve nulle part dans le Hitôpadêsa, s'est
glissé dans la dissertation de M. *Wilson* sur le *Panchatantra* *).
Cela fait présumer que le savant auteur, en comparant ces
deux collections de fables, au lieu de compulser l'original du
Hitôpadêsa, s'est contenté de consulter une traduction, sur
laquelle il n'y a aucun fond à faire.

Je le répète, les traducteurs sont excusés par le manque
de secours suffisans. La seule chose qui m'étonne, c'est que
des hommes d'autant d'esprit ayent pu se persuader que les

---

*) *Transactions of the Royal Asiatic Society of Great Britain
and Ireland Vol. I. Analytical account of the Pancha - Tan-
tra* p. 163.

Indiens auraient admiré comme les oracles de la sagesse des sentences telles qu'ils les ont faites.

M. *Wilson* regrette dans la dissertation citée (p. 156.) que l'on n'ait pas d'abord donné la préférence au Panchatantra, pour le faire connaître au public européen; maintenant, dit-il, après les deux traductions du Hitôpadêsa, une traduction du premier ne serait qu'une œuvre surérogatoire. Je pense au contraire, qu'il serait bon d'avoir des éditions correctes et de bonnes traductions de l'un et de l'autre livre. Si j'avais pu me procurer un manuscrit du Panchatantra, j'aurais bien su en tirer parti pour la critique du texte de son successeur. Ces livres ingénieux sont importans, parce qu'ils contiennent une anthologie de sentences extraites d'ouvrages qui, en très-grande partie, nous sont encore inconnus. Le Panchatantra pourra même servir à éclaircir l'histoire de la littérature indienne. Puisque la date la plus récente qu'on puisse assigner à sa composition (le cinquième siècle de notre ère) est constatée, il en résulte que les ouvrages dont les sentences sont tirées, ont existé antérieurement.

Après les preuves que j'ai données, les lecteurs ne douteront plus qu'une traduction du Hitôpadêsa, en même temps fidèle et élégante, ne parût un livre tout nouveau; la réputation de l'auteur ou plutôt des auteurs, fortement compromise par tant de malentendus, tant d'expressions louches, tant de phrases inintelligibles, en serait réhabilitée.

E.

Explication d'une énigme.

Dans les *Recherches Asiatiques* Vol. XII, page 251 de l'édition de Calcutta, M. Colebrooke cite un auteur qui dit que le nombre des jours sidéraux compris dans la grande époque, appelée Calpa, est: 1,582,236,450,000. Il donne le texte même, dont les mots qui répondent à ce nombre, signifient littéralement : *quatre espaces vides* (ou zéros), *cinq, Véda, goût, feu, jumeaux, aile, huit, flèche, lune*. Tout ces mots sont réunis en un seul composé agrégatif.

Qu'on se figure maintenant l'embarras des écoliers interpellés pour expliquer comment cette bigarrure fait precisément un trillion, cinq cents quatre-vingt-deux billions, deux cents trente six millions, et quatre cents cinquante mille. La chose est pourtant bien sure, il ne peut y avoir erreur. Voici le mot de l'énigme. Les mathématiciens indiens ont une méthode d'exprimer les chiffres par des noms restreints à un certain nombre d'objets. Ils commencent à la droite par les unités, et remontent vers les chiffres d'un ordre supérieur. Cela a l'air d'une puérilité, il y a pourtant là-dessous un but raisonnable. On a voulu se prémunir contre l'altération des chiffres qui se glisse si facilement dans les livres copiés à la main. Quand le traité était rédigé en vers, comme c'est un ancien usage dans l'Inde d'employer la versification même dans des livres scientifiques, la garantie en devenait d'autant plus forte.

Voici l'explication. Les deux premiers termes, étant des

chiffres sans déguisement, n'en ont pas besoin. *Véda;* ces livres sacrés sont au nombre de *quatre.* *Goût;* on en compte six espèces principales: le doux, l'amer, le salé, l'aigre, le poignant et l'astringent. *Feu* signifie *trois*, par rapport aux trois feux sacrés que les brahmanes entretiennent. *Jumeaux, aile*, signifient naturellement *deux*; le dernier mot est employé aussi pour les deux moitiés d'une lunaison. *Fléche* signifie *cinq:* ce sont les cinq flèches du dieu de l'amour, dont les pointes sont armées de fleurs. Ces flèches sont un emblème des cinq sens par lesquels l'amour pénètre dans l'ame. *Lune* est *un*, parce qu'il n'y a qu'une seule lune.

On voit cependant qu'il y a là-dedans quelque chose de conventionnel. Par exemple, le mot de goût, chez les Indiens comme chez nous, est employé aussi métaphoriquement, pour les différentes impressions que produit la poésie. Alors l'énumération varie de huit à dix. Il faut donc savoir que, lorsque ce mot est substitué a un chiffre, l'on doit entendre le goût matériel.

Un autre auteur cité par M. Colebrooke, exprime le même nombre de la manière suivante: *quaternaire de zéros, fléche, océan, goût, qualité, jumeaux, deux, Vasu, jour lunaire.* Je peux me dispenser d'expliquer les termes qui se trouvent dans l'exemple précédant. *Océan* signifie *quatre;* apparemment à cause d'une division d'après les quatre points cardinaux: l'océan oriental, occidental, méridional et septentrional. *Qualité* signifie *trois;* selon les philosophes indiens trois qualités dominent dans toute la nature: la qualité bonne ou essentielle, la qualité passionnée et la qualité ténébreuse. *Vasu* est le nom d'une espèce de divinités subalternes, dont on compte *huit.* *Jour lunaire* est substitué à deux chiffres: il signifie *quinze*, parce que l'on compte autant de jours lunaires dans une demi-lunaison. C'est l'ancienne division d'un mois dans le calendrier des Indiens, aussi bien que dans celui des Etrusques et des Romains. Elle nous est familière sous le nom des *Ides.*

Ce que j'ai remarqué à l'égard du mot *goût* peut aussi s'appliquer à *l'océan.* Il pourrait désigner le nombre sept, puisque les poètes, dans leur cosmogonie, ont imaginé sept océans, contenant autant de fluides différents : de l'eau salée, du lait, etc. Voyez l'Amara - Cosha p. 53, et la note de M. Colebrooke.

D'autres exemples, moins compliqués en effet, de cette manière d'exprimer les chiffres, se trouvent dans la même dissertation ; ils ne sont expliqués nulle part.

F.

SANSCRIT PROFESSORSHIP.

Extract of a Letter from the late BISHOP of CALCUTTA to the PRINCIPAL of MAGDALEN, dated May 31st, 1831:

,,His (Mr. WILSON's) eminent fitness to discharge the ,,duties of the new Professorship, and his distinct perception ,,what those duties are, and how they may be accomplished, ,,are evidenced in a paper I sent home by the hands of Dr. ,,ROY to Dr. BURTON of Christ Church. *I could wish this* ,,*valuable paper, which was drawn up at my request, to* ,,*be circulated widely.*''

The following is the Paper alluded to, and calculated as it is to place M. WILSON's claims in so favourable a point of view, his friends in Oxford regret extremely that it was out of their power to make it public sooner, as it was not placed with the rest of the Testimonials in the Registrar's room, and only appeared in print on Friday last. — *Oxford, March,* 8, 1832.

Memorandum respecting Sanscrit Literature in England. To be presented to the Rev. the Regius Professor of Divinity at Oxford, from the Bishop of Calcutta.

It is not easy to define a course of Sanscrit Study at either of the Universities without being conversant with the usual practices of those Institutions, and the manner in which similar courses are commonly held. It would be also necessary to estimate the time that might be devoted to Sanscrit study, the description and number of persons by whom it would be cultivated, and the means which might be available for the furtherance of the acquirement. Even if these were ascertained, the mode of communicating instruction, as well as the success with which it might be imparted, would mainly depend upon the talents of the Teacher.

I should think it an indispensable requisite in the first Professor of the Sanscrit Language, that he had acquired his knowledge in India. It is true that considerable proficiency has been attained by some learned men on the Continent, but it is evident from their publications that their reading has been very limited, and that they are far from possessing any degree of conversancy with the great body of Sanscrit Literature. Their knowledge is, in fact, of the most elementary kind, and restricted to the grammar of the language. The publications of Bopp are chiefly of this description; and Schlegel has not ventured in translation beyond those works which have been previously translated by English Scholars. With the different departments of Hindu classical literature, with any one of them in a variety of details, and even with its grammar as studied in India, they are unfamiliar; and they must be very incompetent therefore to prepare a Student for this country, or even where general information only is sought, to convey comprehensive and correct notions of the classical writings of the Hindus, of their poetry, mythology, philosophy, and science.

Supposing then a qualified Professor to have been appointed, I presume the plan he would be expected to adopt would be the delivery of public Lectures. The character of these Lectures will necessarily depend upon the object which is proposed for them. If they are intended to be subservient to general knowledge, and to communicate to persons not purposing to engage deeply in the study, or not having leisure for the pursuit, comprehensive views of the language, literature, philosophy, and religion of the Hindus, they must embrace every department of Sanscrit composition, commencing with the structure of the language, its rhetoric, poetry, and drama; its mythology, and mythological history, as exhibited in the Ramáyan, Mahabharat, and eighteen Puránas; its philosophy, as explained in the different schools, Vedanta, Sankhya, etc.; and its ritual, as defined in the Tantras and the Vedas. To do this will be no easy task; and there is no person in Europe, except Mr. Colebrooke, who could attempt it with the slightest prospect of success.

If, however, instruction in the language alone be the object to be kept in view, the Lecturer will have to confine himself to the elements of the Sanscrit tongue, its grammar, syntax, and prosody: to explain these satisfactorily, however, he should be familiar not only with the grammars compiled by European scholars, as Wilkins, etc. but with the original grammars read by the Pundits, the Sútras of Panini, the Siddhánta Kaumudi, and Mugdhabodha; for although it is by no means advisable to teach the grammar after those systems, they alone furnish a clue to the intricacies of Sanscrit grammar, without which it is not easy to make a profitable use even of modern European compilations. It will also be necessary to combine the principles of the grammar with their application, and to illustrate them by the aid of some Sanscrit works of an easy and useful description.

An elementary course of this kind should also embrace two parts, with a view to ascertain that what has been taught has been learned. At short intervals therefore, between every two or three Lectures, or even oftener if necessary, there should be a Class Lecture, in which the Students should undergo an examination, and repeat to the Professor what they had retained of his instructions assisted by the private study of those works to which their attention had been directed. That considerable trouble would devolve upon the Teacher in this case is unquestionable; but I conceive it to be the only plan upon which Sanscrit scholars can be reared. What time a course of this nature would occupy, or how far it is compatible with academical usage, I cannot pretend to say. In the established studies of the Universities, the duties of the Professor are lightened by the aid which the Students derive from their respective Tutors; but upon the introduction of Sanscrit no such assistance would be procurable. The Professor must be prepared, therefore, to act in both capacities, as far as the reasonable apportionment of his time and the extent of his talents will allow. After the study has been established, it will no doubt be found that some of the Students will be qualified to act as Tutors, and the Lectures of the Professor may then take a more discursive range.

Whether the study of Sanscrit be prosecuted by the means of public Lectures, or private Tuition, books will be indispensable; and in England these are procurable only at a heavy cost and to a limited extent. Probably some copies of Wilkins's grammar are to be had, but it is an expensive book, and, although the best grammar extant, admits of much improvement. The first edition of my Dictionary is exhausted, but some copies of the edition now in progress will probably be purchasable. There is no such thing as an introductory reading book; the Hitopadesa used for this purpose is objectionable in many points, but especially as a book intended for beginners, as it contains numerous passages of extreme difficulty. It will be necessary, therefore, to compile a new work as an elementary class-book. When some facility has been acquired, the Student may read the *Raghuvansa*, *Menu*, the *Ramayan*, and *Mahabharat*, all which will have been printed; the two first and last in India, the third by Schlegel on the Continent. The books printed in Calcutta might be furnished at very reasonable prices, if the cost was not enhanced by the heavy duty at home. The *Ramayana* is likely to be a very expensive book. An edition of *Menu* has also been published in England, but it is very costly. There are also English and Continental editions of the *Hitopadesa*. In this country many useful books have been published, or are in course of publication; but the supply of these in Europe is, for the reason I have stated, expensive, and it is also precarious; and it would be injudicious, as well as unbecoming the character of the University, to be wholly dependent upon India for Sanscrit publications.

One of the first things to be done therefore is to establish a Printing Press at the University. It will probably not be a very expensive branch of the Establishment, as compositors and Correctors will multiply with a steady demand for them. There is no want of manuscripts in England: more and better are procurable there, perhaps, than in India ; and it would be no ungrateful part of the Professor's duty, I apprehend, to prepare them for printing, and conduct them through the press. He would soon, no doubt, obtain valuable assistance in his editorial functions from some of the most qualified of his *élèves*.

As far as tuition and books therefore are the essential conditions of proficiency in Sanscrit, I should think that they might be provided, although not without some trouble and expense. Some time also must necessarily elapse before they could be brought into full operation ; but there need be little fear of success, if proper care be taken in their first provision, and liberal encouragement be given to their progress. Another important consideration, however, is the extent to which Sanscrit will be studied.

As long as the study of Sanscrit is not obligatory upon any individual, — as long as it is a mere matter of enlightened curiosity, — as long as it holds out no prospect of emolument or distinction, it is not probable that it will be extensively prosecuted. Other and more essential acquirements will necessarily engross the interest and ambition of the Students at the Universities. If it is wished, therefore, to render the study of Sanscrit attractive, some advantage more substantial than literary information must be attached to it. The establishment of a Press may, perhaps, furnish one source of encouragement, in the employment it may afford to correctors. Possibly also some Scholarships may in time be endowed. Could some knowledge of Sanscrit, however, be made a condition of an Indian Chaplaincy, an inducement of a powerful character would at once be held out. There will be no great hardship in insisting upon such a qualification when due facilities are afforded for its attainment; and it is highly desirable, on various accounts, that it should be possessed by Clergymen who intend to visit India. With a few distinguished exceptions, the regular Clergy have left the acquirement of the Oriental languages, particularly Sanscrit and its derivative dialects, to the industry of Sectarian Missionaries. Independent of some little loss of credit thereby suffered, they have not possessed equal fitness for some of the duties that devolve npon them in this country. They have been unable to communicate freely with the Hindus, and have consequently failed to exercise that influence over them which it is likely they might enjoy to a much greater extent than any description of Missionaries. In Bengal, the better order of Hindus regard the Missionaries with feelings of inveterate animosity, whilst they invariably express a high respect for the Clergymen of the Established Church. They cannot avoid seeing that the latter are held in higher estimation by the European Society, and that they cannot be reproached with practices which not unfrequently degrade the Missionary character in the eyes of the Natives. Did the regular Clergy add to their personal respectability a reputation for scholarship in Indian literature, and particulary in that literature which the Hindus themselves consider as classical and sacred, consequences of the most important and beneficial nature might be confidently predicted.

Sept. 17, 1830.

H. H. WILSON.

*** M. Wilson is on his voyage home, and is expected to arrive in the course of the ensuing month.

March. 8, 1832.

TABLE DES MATIÈRES.

Pag.

Réflexions sur l'étude des langues asiatiques, adressées à Sir James Mackintosh 1

Lettre à M. Horace H. Wilson, ancien secrétaire de la Société Asiatique à Calcutta, élu professeur à l'université d'Oxford 131

APPENDICE.

A. Prospectus of a plan for translating and publishing such interesting and valuable works on Eastern History, Sciences, and Belles-Lettres as are etc. . 171

B. Copy of a letter of the Rev. Professor Lee to Sir Alexander Johnston, Knt. 178

C. Letter to the Honorable Court of Directors of the East-India Company 182

D. Comparaison de quelques passages du Hitôpadésa dans la traduction de S. W. Jones et dans celle de M. Wilkins 185

E. Explication d'une énigme 197

F. Sanscrit Professorship 200

ERRATUM.

ERRATUM.

P. 146, ligne 26. Ce vers sanscrit a été réimprimé exacte-
tement comme il se lit dans les *Recherches Asiatiques*, mais
on a oublié d'y faire une correction nécessaire. Au lieu
de बउईत्वन il fant lire: बउईत्वेन.